Sonderheft der Zeitschrift für Außen- und Sicherheitspolitik

Sonderheft 4 | 2012
Supplement 1 | 2012

Herausgegeben von
Th. Jäger, Köln, Deutschland

Heiko Borchert · Ralph Thiele (Hrsg.)

Vernetzte Sicherheit

Eine konstruktive Zwischenbilanz

Zeitschrift für Außen- und Sicherheitspolitik (ZfAS)

www.zfas.de

Gegründet von Thomas Jäger
Herausgeber: Thomas Jäger (Universität zu Köln)

Beirat: Heiko Borchert (Luzern), Wilfried von Bredow (Philipps-Universität Marburg), Jürgen Chrobog (BMW Stiftung Herbert Quandt, München), Peter Croll (Bonn International Center for Conversion – BICC), Michael Dauderstädt (Friedrich-Ebert-Stiftung, Bonn), Beatrice de Graaf (Campus The Hague, Universität Leiden), Tobias Debiel (Institut für Entwicklung und Frieden, Universität Duisburg-Essen), Karl-Theodor Freiherr zu Guttenberg (Guttenberg), Hans J. Gießmann (Berghof Research Center for Constructive Conflict Management, Berlin), Christian Hacke (Universität Bonn), Beatrice Heuser (University of Reading), Hartwig Hummel (Universität Düsseldorf), Jackson Janes (American Institute for Contemporary German Studies, Washington), Josef Janning (Bertelsmann Stiftung, Gütersloh), Mathias Jopp (Institut für Europäische Politik, Berlin und Universität Tübingen), Karl-Heinz Kamp (NATO Defense College, Rom), Roland Kaestner (Institut für strategische Zukunftsanalyse, Hamburg), Martin Kobler (Auswärtiges Amt, Berlin), Friedrich Wilhelm Kriesel (Deutsches Zentrum für Luft- und Raumfahrt, Köln), Gerhard Kümmel (Sozialwissenschaftliches Institut der Bundeswehr, Strausberg), Hans-Jürgen Lange (Private Universität Witten/Herdecke), Marika Lerch (Europäisches Parlament, Ausschuss für Entwicklungspolitik, Brüssel), Peter Lock (European Association for Research on Transformation, Hamburg), Reinhard C. Meier-Walser (Hanns-Seidel-Stiftung, München), Dirk Messner (Deutsches Institut für Entwicklungspolitik, Bonn), Holger Mey (EADS Deutschland, München), Rolf Mützenich (MdB, Berlin), Melanie Piepenschneider (Konrad-Adenauer-Stiftung, Wesseling b. Köln), Hans-Joachim Preuß (Deutsche Gesellschaft für Internationale Zusammenarbeit, Eschborn), Karl Rose (Shell International, Den Haag), Lothar Rühl (Universität zu Köln), Peter Runge (CARE Deutschland-Luxemburg, Bonn), Thomas Saalfeld (University of Kent, Canterbury), Eberhard Sandschneider (Deutsche Gesellschaft für Auswärtige Politik, Berlin), Hans-Peter Schwarz (Universität Bonn/München), Horst Teltschik (Rottach-Egern), Ralph Thiele (Luftwaffenamt Köln-Wahn), Claudia Wörmann (Bundesverband der Deutschen Industrie, Berlin).
Redaktion: Kai Oppermann (Leitender Redakteur), Danae Ankel, Anna Daun, Mischa Hansel, Daniela Kress, Simon Ruhnke (alle Universität zu Köln).
Redaktionsassistenz: Yvonne van Diepen, Rainer Lenzen, Frank Pastusiak, Friederike Sawatzki

Anschrift der Redaktion: Zeitschrift für Außen- und Sicherheitspolitik, Lehrstuhl für Internationale Politik und Außenpolitik, Universität zu Köln, Gottfried-Keller-Straße 6, 50931 Köln. E-Mail: redaktion@zfas.de
Tel.: (02 21) 4 70-583, Fax: (02 21) 4 70-6732.
Facebook: Simon Ruhnke, Rainer Lenzen

Springer VS | Springer Fachmedien Wiesbaden GmbH
Abraham-Lincoln-Straße 46 | 65189 Wiesbaden
Amtsgericht Wiesbaden, HRB 9754
USt-IdNr. DE 811148419

Verlagsleitung: Dr. Ralf Birkelbach (Vors.) | Armin Gross | Albrecht F. Schirmacher
Direktor Sozialwissenschaften & Forschungspublikationen: Dr. Reinald Klockenbusch
Programmleitung: Dr. Andreas Beierwaltes
Gesamtleitung Marketing: Rolf-Günther Hobbeling
Gesamtleitung Produktion: Christian Staral
Gesamtleitung Anzeigen und Märkte: Armin Gross

Leserservice: Springer Customer Service Center GmbH, Springer VS-Service, Haberstr. 7, D-69126 Heidelberg
Tel.: (06221) 345-4303; Fax: (06221) 345-4229; Montag-Freitag 8.00 Uhr bis 18.00 Uhr, E-Mail: springervs-service@springer.com

Marketing: Ronald Schmidt-Serrière M.A., Telefon (06 11) 78 78-280; Telefax (06 11) 78 78-440;
E-Mail: Ronald.Schmidt-Serriere@vs-verlag.de

Mediaberatung: Yvonne Guderjahn, Telefon (06 11) 78 78-155; Telefax (06 11) 78 78 78155;
E-Mail: Yvonne.Guderjahn@best-ad-media.de

Anzeigendisposition: Monika Dannenberger, Telefon (06 11) 78 78-148; Telefax (06 11) 78 78-443;
E-Mail: Monika.Dannenberger@best-ad-media.de

Anzeigenpreise: Es gelten die Mediadaten vom 1.11.2011

Produktion: Dr. Andreas Vogel
E-Mail: Andreas.Vogel@springer.com

Bezugsmöglichkeiten 2012: Jährlich erscheinen 4 Hefte. Jahresabonnement/privat (print+online) Euro 118,–; Jahresabonnement/privat (nur online) Euro 117,–; Mitglieder der Deutschen Vereinigung für Politische Wissenschaft (DVPW) erhalten 25% Rabatt auf den Abonnement-Preis privat; Jahresabonnement/Bibliotheken Euro 348,–; Jahresabonnement Institutionen/Unternehmen (nur print) Euro 268,–; Jahresabonnement Studenten/Emeritus (print+online) – bei Vorlage einer Studienbescheinigung Euro 64,–. Alle Print-Preise zuzüglich Versandkosten. Jedes Abonnement Print und Online beinhaltet eine Freischaltung für das ZfAS-Archiv. Der Zugang gilt ausschließlich für den einzelnen Empfänger des Abonnements. Für eine Freischaltung des Unternehmens/Bibliothek/Institution wenden Sie sich bitte an Herrn Rüdiger Schwenk (Tel.: +49(0)611-7878357 oder ruediger.schwenk@springer.com). Alle Preise und Versandkosten unterliegen der Preisbindung. Die Bezugspreise enthalten die gültige Mehrwertsteuer. Kündigungen des Abonnements müssen spätestens 6 Wochen vor Ablauf des Bezugszeitraumes schriftlich mit Nennung der Kundennummer erfolgen. Jährlich können Sonderhefte erscheinen, die nach Umfang berechnet und den Abonnenten des laufenden Jahrgangs mit einem Nachlass von 25% des jeweiligen Ladenpreises geliefert werden. Bei Nichtgefallen können die Sonderhefte innerhalb einer Frist von 3 Wochen zurückgegeben werden.

© Springer VS | Springer Fachmedien Wiesbaden 2013
Springer VS ist eine Marke von Springer DE. Springer DE ist Teil der Fachverlagsgruppe
Springer Science+Business Media.

Alle Rechte vorbehalten. Kein Teil dieser Zeitschrift darf ohne schriftliche Genehmigung des Verlages vervielfältigt oder verbreitet werden. Unter dieses Verbot fällt insbesondere die gewerbliche Vervielfältigung per Kopie, die Aufnahme in elektronische Datenbanken und die Vervielfältigung auf CD-ROM und alle anderen elektronischen Datenträgern.

Gedruckt auf säurefreiem und chlorfrei gebleichtem Papier.

ISBN 978-3-531-18534-7

Inhalt

Vernetzte Sicherheit: Grundlagen, Zwischenbilanz und Entwicklungspotenzial
Heiko Borchert / Ralph Thiele *1*

Akteur oder Zuschauer? Was Vernetzte Sicherheit für den Deutschen
Bundestag bedeutet. Ein Erfahrungsbericht
Winfried Nachtwei *23*

Vernetzte Sicherheit: Grenzen eines erfolgreichen Ansatzes
Erich Vad / Oliver Linz *41*

„Der vernetzte Diplomat": Von Vernetzter Sicherheit zu einer
„netzwerkorientierten Außenpolitik"
Thomas Bagger / Wolfram von Heynitz *49*

Vernetzte Sicherheit: Erfahrungen in Afghanistan und Lehren für die Zukunft
Dirk Niebel *63*

Innere Sicherheit zwischen Föderalismus und Vernetzung
Ralph Thiele / Heiko Borchert *73*

Vernetzung in Sicherheitspolitik und militärischer Operationsführung:
Versuch einer Bilanz
Jörg Neureuther *85*

„Vernetzte Sicherheit" im Alltag eines Korps: Ein Versuch des I. Deutsch-
Niederländischen Korps neue Wege zu gehen
Ton van Loon *101*

„Vernetzte Sicherheit": Intentionen, Kontroversen und eine Agenda für die Praxis
Andreas Wittkowsky / Wanda Hummel / Tobias Pietz *113*

Vernetzte Sicherheit: Grundlagen, Zwischenbilanz und Entwicklungspotenzial

Heiko Borchert · Ralph Thiele

Zusammenfassung: Dieser Beitrag skizziert die konzeptionellen Grundlagen der Vernetzten Sicherheit, zieht eine Zwischenbilanz des bisher Erreichten und unterbreitet konkrete Vorschläge zur Weiterentwicklung des Konzepts. Dabei stellen die Autoren die Vernetzte Sicherheit in den größeren Zusammenhang der außen- und sicherheitspolitischen Strategiefähigkeit und betonen die engen Wechselwirkungen im „goldenen Dreieck" zwischen strategischen Leitlinien, den vorhandenen Sicherheitsinstitutionen und der sicherheitspolitischen Kultur. Die Zwischenbilanz verbucht auf der Habenseite konkrete Fortschritte in Form von themenspezifischen Konzepten und Leitlinien, institutionellen Veränderungen und neuen Instrumenten, die die ressortübergreifende Zusammenarbeit und die Kooperation mit nicht-staatlichen Akteuren unterstützen und fördern. Auf der Sollseite stehen Defizite wie der Mangel an übergreifenden strategischen Vorgaben für die deutsche Außen- und Sicherheitspolitik als Rahmen für die Ausrichtung der Vernetzten Sicherheit, kulturelles und institutionelles Beharrungsvermögen sowie Defizite in der Kommunikation. Um diese Schwächen zu beheben, unterbreiten die Autoren konkrete Vorschläge in den Bereichen Lageanalyse, -beurteilung und -monitoring, Strategieentwicklung, -umsetzung und -controlling, *Stakeholder Management,* strategische Kommunikation, *Change Management* und Personalentwicklung.

Schlüsselwörter: Gesamtstaatliches Lagebild · Management der Sicherheitspolitik · Strategiefähigkeit · Vernetzte Sicherheit

Networked Security: Concept, Net Assessment, and Options for the Future

Abstract: The paper outlines the conceptual cornerstone of "Networked Security", Germany's Comprehensive Approach, identifies what has been achieved so far, and discusses options for further developing the current concept. The authors' analysis is linked to the broader issue of strategy

---

© VS Verlag für Sozialwissenschaften 2012

Dr. Heiko Borchert ist Inhaber und Geschäftsführer der Sandfire AG. Oberst i.G. Ralph Thiele ist Vorsitzender der Politisch-Militärischen Gesellschaft e.V. Beide geben seit 2004 die Schriftenreihe *Vernetzte Sicherheit* heraus.

Dr. H. Borchert (✉)
Bruchmattstr. 12, 6003 Luzern, Schweiz
E-Mail: borchert@sandfire.ch

Oberst i.G. R. Thiele
Postfach 520472, 50953 Köln, Deutschland
E-Mail: chairman@pmg-ev.com

making in foreign and security policy. In this context, the authors refer to the "golden triangle" of a nation's security strategy, existing security institutions, and its security culture. The net assessment identifies several areas of success such as new concepts and guidelines, institutional changes as well as new instruments that help advance interagency interaction and collaboration with non-state actors. But there are shortfalls as well. In particular there is a lack of overall strategic foreign and security guidance that inhibits the implementation the Comprehensive Approach in Germany, institutional and cultural resistance is detrimental to implementing new ways of cross-horizontal interaction, and the lack of strategic communication has made it very difficult to establish "Networked Security" as a brand name. The authors propose several ways to overcome existing shortfalls and address key issues such as the need for new processes to provide joint situational awareness and joint situational understanding, strategy making, stakeholder management, strategic communication, change management, and human resources management.

Keywords: Comprehensive approach · Foreign and security policy strategy making · Joint situational awareness and joint situational understanding · Security policy management

Die Wahrung unserer Interessen ist nur ressortgemeinsam möglich.
Deshalb ist eine gesamtstaatliche, umfassende und abgestimmte Sicherheitspolitik erforderlich,
die politische und diplomatische Initiativen genauso umfasst wie wirtschaftliche,
entwicklungspolitische, polizeiliche, humanitäre, soziale und militärische Maßnahmen. (...)
Dazu ist das zielgerichtete Zusammenwirken des Auswärtigen Dienstes, der Entwicklungshilfe,
der Polizei, der Streitkräfte, des Zivil- und Katastrophenschutzes und
der Nachrichtendienste auf allen Ebenen zu stärken.

(Bundesministerium der Verteidigung 2011, S. 6)

In den fünf Jahren zwischen der Veröffentlichung des Weißbuches der Bundesregierung zur Sicherheitspolitik und Zukunft der Bundeswehr (2006) und den neuen Verteidigungspolitischen Richtlinien des Bundesministers der Verteidigung (2011) hat der Begriff Vernetzte Sicherheit in beeindruckender Weise Karriere gemacht.[1] Die Notwendigkeit des im einführenden Zitat zum Ausdruck gebrachte Plädoyers der umfassenden Zusammenarbeit wird heute nicht mehr in Frage gestellt – vielmehr geht es um die Frage, wie diese ermöglicht werden kann, in welche Rahmen sie erfolgen soll und welchen grundsätzlichen Zielen sie dient.

Vor diesem Hintergrund nimmt der vorliegende Sammelband eine Zwischenbilanz vor, die erzielte Erfolge ebenso benennt wie erkannte Schwierigkeiten und künftiges Handlungs- bzw. Entwicklungspotenzial. Um diese Zwischenbilanz zu erarbeiten, organisierten die Herausgeber in Zusammenarbeit und mit Unterstützung der Bundesakademie für Sicherheitspolitik im Dezember 2011 eine Expertenrunde. Diese diente dazu, verschiedene Fragestellungen aus der Sicht unterschiedlicher Ressorts, der Wissenschaft und der Wirtschaft zu beleuchten. Die folgenden Leitfragen standen dabei im Mittelpunkt:

- Worin liegt die grundsätzliche Bedeutung des Prinzips der Vernetzten Sicherheit für das jeweilige Politikfeld?

---

1 Das spiegelt sich auch in der wissenschaftlichen Rezeption des Konzepts bspw. durch die Arbeiten von Barnet 2012; Dasse und Junk 2012; Major und Schöndorf 2011; Jaberg 2009 und Stegmaier und Feltes 2007.

- Wie wird der Anspruch der Vernetzten Sicherheit im jeweiligen Politikfeld konzeptionell (z. B. ressortspezifische Teilkonzepte), technisch (z. B. Einführung von Systemen zur verbesserten organisationsübergreifenden Zusammenarbeit) und organisatorisch (z. B. ressortgemeinsame Arbeitsgruppen, neue Organisationselemente) umgesetzt?
- Welche Anstrengungen werden insbesondere unternommen, um die Zusammenarbeit mit anderen staatlichen bzw. nicht-staatlichen Akteuren zu verbessern?
- Welche Faktoren bzw. Akteure erweisen sich innerhalb des jeweiligen Politikfeldes als Treiber bzw. Unterstützer des Grundsatzes der Vernetzten Sicherheit, welche eher als Hürde bzw. Blockierer?
- In welcher Hinsicht werden innerhalb des jeweiligen Politikfeldes die maßgeblichen Prozesse der Führung, Planung (inkl. Frühwarnung und Zukunftsorientierung) sowie Ressourcenzuteilung an die besonderen Anforderungen der Vernetzten Sicherheit angepasst?
- In welcher Weise wird die Forderung nach Vernetzter Sicherheit im jeweiligen Politikfeld auch als kommunikative Herausforderung begriffen und welche Maßnahmen wurden zu deren Bewältigung ergriffen?
- Welcher Handlungsbedarf besteht im jeweiligen Politikfeld?

Dieses einleitende Kapitel gibt Antworten auf diese Fragen, indem wir zuerst auf wichtige Basiselemente des Konzepts der Vernetzten Sicherheit eingehen. In einem zweiten Schritt formulieren wir die Zwischenbilanz, die sich aus den Beiträgen der des vorliegenden Sammelbands ergeben. Gestützt darauf entwickeln wir Vorschläge zur Weiterentwicklung der Vernetzten Sicherheit.

1 Vernetzte Sicherheit: Was damit gemeint ist – und was nicht

Auch wenn das Prinzip der Vernetzten Sicherheit oft und gerne als „alternativlos" dargestellt wird, ist seine Erfolgsgeschichte keine Selbstverständlichkeit. Die „Geburtsumstände" waren alles andere als einfach, denn die Botschaft der Vernetzten Sicherheit als zentraler Inhalt des Weißbuchs 2006 ging zum Zeitpunkt der Veröffentlichung unter in einer mehrtägigen, wirksam platzierten *Story* über vermeintliche Schandtaten von Bundeswehrangehörigen in Afghanistan, die sich später als gegenstandslos erwiesen. Damit war das Momentum verloren und konnte lange Zeit nicht mehr zurückgewonnen werden. Auch danach gab es immer wieder Versuche, die Substanz des Begriffs unter Hinweis auf den Umstand in Frage zu stellen, dass modernes Regierungs- und Verwaltungshandeln quasi automatisch vernetzt erfolge, weil es im Alltag vielfältige Formen und Verfahren der Abstimmung gebe. Und dass die neuen Verteidigungspolitischen Richtlinien den Begriff nicht einmal mehr erwähnen, veranlasste den einen oder anderen Kommentator bereits dazu, die Vernetzte Sicherheit vollständig abzuschreiben. Dass diese Interpretation falsch ist, zeigt insbesondere der Beitrag Jörg Neureuthers im vorliegenden Sammelband.

Wie so oft im Leben liegen die Kritiker nicht komplett falsch. Das verdeutlichen die folgenden drei Punkte:

1. Im Rückblick muss der Kardinalfehler eingeräumt werden, dass für die Vernetzte Sicherheit weder eine umfassende konzeptionelle Grundlage noch eine stringente *Story* erarbeitet wurden, mit deren Hilfe ein strategisches Rational zugunsten eines effektiven und effizienten Managements der Sicherheitspolitik hätte entwickelt werden können.[2] Angesichts dieses Vakuums entwickelte sich der Konsens zur Vernetzten Sicherheit oftmals an der Oberfläche. Das Prinzip fand Zustimmung, doch die eigentlichen Gegensätze wurden spätestens bei allzu zaghaften Versuchen der Umsetzung deutlich. Das zeigte sich bspw. deutlich im militärischen Bereich, wo selbst die begrenzt verfügbaren Konzepte der Vernetzten Operationsführung nie konsequent umgesetzt wurden, obwohl umsetzungsfähige Lösungen verfügbar waren. So entstand der Eindruck, dass Vernetzte Sicherheit und seine Umsetzungskonzepte nichts bringen,[3] weil sie in der Praxis nicht spürbar waren – ein Führungsmangel, der schon von sich aus die Attraktivität des Konzeptes untergrub. Vernetzte Sicherheit wurde dadurch zum „Allerweltskleber", mit dem beliebig viele Initiativen etikettiert wurden. Der Markenkern der Vernetzten Sicherheit konnte kaum etabliert werden.

2. Besonders nachteilig ist, dass die notwendige Vermittlung einer zentralen Botschaft bis heute unterblieb: Vernetzte Sicherheit ist anspruchsvoll – sehr anspruchsvoll sogar, denn sie schafft bewusst Abhängigkeit zwischen Akteuren, die bislang unabhängig voneinander agiert und ihre Aufgaben erfüllt haben. Nicht erkannt bzw. nicht adressiert wurde darüber hinaus, dass Vernetzte Sicherheit nur in einer Übergangsphase unter Abstützung auf die vorhandenen Konzepte, Prozesse und Strukturen realisiert werden kann. Langfristig beschreibt Vernetzte Sicherheit als Organisations- und Führungsprinzip eine ganz spezifische Philosophie des Regierungshandelns, die ohne eigene Konzepte, Prozesse und Strukturen nicht lebensfähig ist (Borchert 2004). Indem der mit Vernetzter Sicherheit notwendigerweise verknüpfte Transformationsbedarf in der politischen Kommunikation als Kontinuität und nicht als Wandel dargestellt wurde, fehlte zudem der entscheidende Druckpunkt für weitreichende Veränderungen, denn Vernetzte Sicherheit ist nur mit einem nachhaltig und umfassend angelegten *Change Management* umzusetzen.

3. Hinzu kam und kommt mitunter noch immer eine Verengung der Diskussion über Vernetzte Sicherheit auf Einsatzerfordernisse. Richtig ist, dass sich das internationale Krisenmanagement nach dem Ende des Kalten Krieges mit neuen Rahmenbedingungen konfrontiert sah. Diese machten eine Neuorganisation der staatlichen Machtmittel und deren systematischere Abstimmung auf nicht-staatliche Machtmittel zur vordringlichen Aufgabe. Damit verbunden war eine implizite, mit dem Prinzip der Vernetzten Sicherheit aber nicht beabsichtigte, Bundeswehrlastigkeit der Diskussion. Weil die Einsätze im Vordergrund standen, dominierte die Frage, wie sich die Bundeswehr anpassen müsse, um mit anderen Akteuren zusammenarbeiten zu können. Dabei wurde vergessen, dass die neuen Rahmenbedingungen auch von den anderen

---

[2] Arbeiten des Bundesministeriums der Verteidigung zur einer konzeptionellen Grundvorstellung der Vernetzten Sicherheit wurden nie abgeschlossen bzw. veröffentlicht.

[3] Das führt mitunter zu harscher Kritik. So bezeichnet VENRO (2012), der Dachverband der entwicklungspolitischen Nichtregierungsorganisationen in Deutschland, das Konzept der Vernetzten Sicherheit als „konturlos und unbrauchbar".

nicht-militärischen Akteuren wesentliche Verhaltensänderungen erforderten, die aber bis heute – von Ausnahmen abgesehen – mit dem Wandlungsprozess der Streitkräfte kaum Schritt halten konnten. Vernetzte Sicherheit blieb damit für viele Beobachter ein Konzept der Bundeswehr, mit dem diese versucht hat, andere Akteure in ihre Maßnahmen und Aktionen einzubinden, um damit die eigene Legitimation zu verbessern. Wie schwer es nicht nur der Bundeswehr, sondern auch anderen Streitkräften fällt, genau diesen Eindruck zu vermeiden, zeigen unter anderem die Beiträge von Jörg Neureuther und Ton van Loon im vorliegenden Sammelband.

Bei aller berechtigten Kritik gilt aber auch: Vernetzte Sicherheit ist ein Erfolg! Als visionäres Konzept hat Vernetzte Sicherheit wichtige Veränderungsimpulse gesetzt – im Bereich wegweisender Konzepte und Leitlinien genauso wie bei strukturellen Neuerungen und der Einführung von Instrumenten, die die Zusammenarbeit zwischen einer Vielzahl von Akteuren ermöglichen und erleichtern. Ein vorläufiger Höhepunkt waren die Einlassungen von Bundeskanzlerin Angela Merkel im Vorfeld auf den NATO-Gipfel in Strasbourg/Kehl im Frühjahr 2009, als die Kanzlerin forderte, dass die NATO eine neue Strategie brauche, ein Konzept der Vernetzten Sicherheit (Bundesregierung 2009) – eine Forderung, der ein Jahr später in Lissabon mit dem neuen strategischen Konzept des Bündnisses entsprochen wurde.

Die in Abb. 2 illustrativ genannten Beispiele verdeutlichen eindrücklich die Komplexität des Begriffs und die Vielfalt der verschiedenen Realisierungsansätze, mit deren Hilfe das Konzept bislang umgesetzt wurde. Gestützt darauf können Inhalt, Zielsetzung und Funktionsweise der Vernetzten Sicherheit wie folgt definiert werden (Abb. 1):

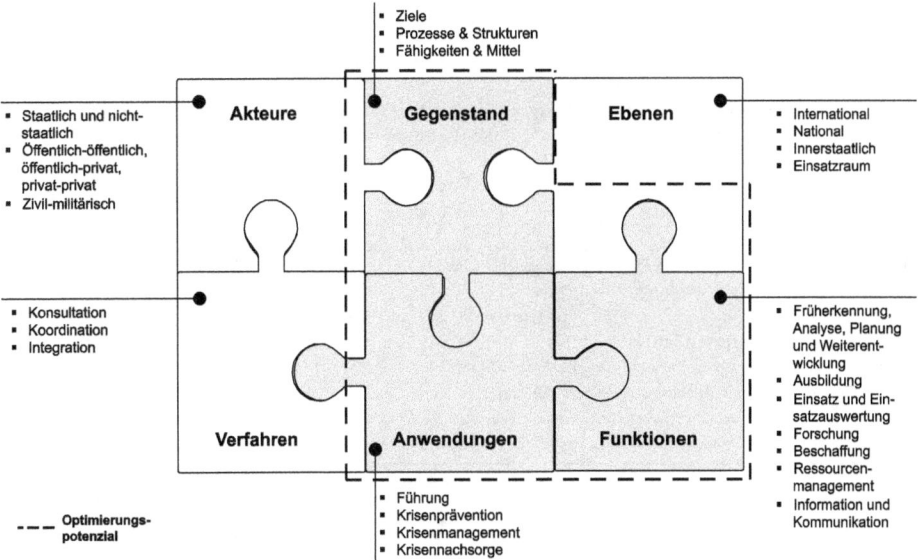

Abb. 1: Bausteine der Vernetzten Sicherheit

Leitlinien und Konzepte	
2004	- Aktionsplan zivile Krisenprävention
2006	- Weißbuch zur Sicherheitspolitik Deutschlands und zur Zukunft der Bundeswehr
2009	- Afghanistan. Auf dem Weg zur Übergabe in Verantwortung. Ressortübergreifende Entscheidungsgrundlage zur Mandatsverlängerung und vor der internationalen Afghanistan-Konferenz
	- Nationale Strategie zum Schutz Kritischer Infrastrukturen
2010	- Deutschland, Lateinamerika und die Karibik: Konzept der Bundesregierung
	- Länderkonzept Sudan
	- Raumfahrtstrategie der Bundesregierung
	- Rohstoffstrategie der Bundesregierung
2011	- Cyber-Sicherheitsstrategie für Deutschland
	- Deutschland und Afrika: Konzept der Bundesregierung
	- Konzept der entwicklungspolitischen Zusammenarbeit mit Globalen Entwicklungspartnern
	- Kooperation mit dem Privatsektor im Kontext der Entwicklungszusammenarbeit
	- Verteidigungspolitische Richtlinien
2012	- Für eine kohärente Politik der Bundesregierung gegenüber fragilen Staaten. Ressortübergreifende Leitlinien
	- Globalisierung gestalten – Partnerschaften ausbauen – Verantwortung teilen. Konzept der Bundesregierung

Institutionen	
	- Bundessicherheitsrat (BuKa, AA, BMVg, BMF, BMI, BMJ, BMZ, BMWi)
	- Nachrichtendienstlage im Bundeskanzleramt
1992	- Bundesakademie für Sicherheitspolitik
2002	- Zentrum für Internationale Friedenseinsätze
2003	- Nationales Lage- und Führungszentrum Sicherheit des Luftraums (BMVg, BMI, BMVBS)
	- *Provincial Reconstruction Teams* Afghanistan (AA, BMVg, BMI, BMZ)
	- Staatssekretärsrunde Afghanistan
2004	- Gemeinsames Terrorismusabwehrzentrum (BKA, BfV, BND, Zollkriminalamt, MAD, LKA, LfV, Bundespolizei, Bundesamt für Migration und Flüchtlinge, Generalbundesanwalt)
	- Ressortkreis Zivile Krisenprävention (AA, BMVg, BMI, BMZ)
2005	- Beirat Zivile Krisenprävention
2007	- Gemeinsames Internet-Zentrum (BfV, BKA, BND, MAD, Generalbundesanwaltschaft)
	- Gemeinsames Lagezentrum See (Bundespolizei, Zoll, Wasser- und Schifffahrtsverwaltung, Fischereiaufsicht, Havariekommando)
2009	- Weltraumlagezentrum (BMVg, DLR)
	- *European Reference Network for Critical Infrastructure Protection*, deutscher Anteil (Europäische Kommission und EU-Mitgliedstaaten)
	- Arbeitstagungen der Planungsstäbe von AA, BMVg und BMZ
2010	- Sonderbeauftragter der Bundesregierung für Afghanistan und Pakistan
	- Sudan *Task Force* (AA, BMVg, BMZ)
	- Unterausschuss Zivile Krisenprävention und vernetzte Sicherheit des Deutschen Bundestags
2011	- Cyber-Abwehrzentrum (BSI, BKA, BND, BfV, BBK, Bundespolizei, Bw, Zollkriminalamt)

Instrumente	
2001	- Deutsches Notfallvorsorge- und Informationssystem (BBK)
2005/06	- *Knowledge Development* (Bundeswehr)
2006	- *Provincial Development Fund* Afghanistan (Mittel BMVg für RK)
2007	- Antiterrordatei (BMI)
2011	- *Afghan Mission Network*, deutscher Anteil (Bundeswehr)
ab 2012	- Dialoginformationssystem (AA, in Planung)
	- Softwaregestützte sicherheitspolitische Zukunftsanalyse (Zentrum für Transformation der Bundeswehr, Evaluierung)
	- *NATO Common Operational Picture*, deutscher Anteil (NATO, im Aufbau)

Abkürzungen: AA Auswärtiges Amt; BBK Bundesamt für Bevölkerungsschutz und Katastrophenhilfe; BMF Bundesministerium der Finanzen; BfV Bundesamt für Verfassungsschutz; BMI Bundesministerium des Innern; BMVg Bundesministerium der Verteidigung; BMJ Bundesministerium der Justiz; BMVBS Bundesministerium für Verkehr, Bau und Stadtentwicklung; BMWi Bundesministerium für Wirtschaft und Technologie; BMZ Bundesministerium für wirtschaftliche Entwicklung und Zusammenarbeit; BND Bundesnachrichtendienst; BKA Bundeskriminalamt; BSI Bundesamt für Sicherheit in der Informationstechnik; BuKa Bundeskanzleramt; Bw Bundeswehr; DLR Deutsches Zentrum für Luft- und Raumfahrt; LKA Landeskriminalamt; LfV Landesamt für Verfassungsschutz; MAD Militärischer Abschirmdienst; RK Ressortkreis

Abb. 2: Ansätze vernetzten Handelns in der Sicherheitspolitik (Auswahl)

Vernetzte Sicherheit bedeutet,

- dass die sicherheitsrelevanten staatlichen und nicht-staatlichen Akteure
- ihre Ziele, Prozesse, Strukturen, Fähigkeiten und Mittel
- auf unterschiedlichen Ebenen national, international und im Einsatzraum
- für Analyse, Planung und konzeptionelle Weiterentwicklung, Ausbildung, Beschaffung, Forschung und Entwicklung, Einsatz und Einsatzauswertung, Ressourcenmanagement sowie Information und Kommunikation
- zum Zweck der Führung, der Krisenprävention, des Krisenmanagements und der Krisennachsorge
- abstimmen, verknüpfen und langfristig integrieren.

Vernetzte Sicherheit beschreibt, wie Sicherheitspolitik in einem veränderten Sicherheitsumfeld organisiert werden sollte. Die besondere Bedeutung resultiert aus dem impliziten Zusammenhang zwischen Vernetzter Sicherheit und nationaler Strategiefähigkeit bzw. -willigkeit. Die Notwendigkeit der Strategiefähigkeit ergibt sich aus dem Anspruch der Bundesregierung, die Mittel und Instrumente deutscher Sicherheitspolitik wenn immer möglich „konfliktpräventiv zur Wirkung" zu bringen (Bundesministerium der Verteidigung 2006, S.3). Präventives Handeln ist aber die wohl anspruchsvollste Form der Sicherheitspolitik und bedingt ein „goldenes Dreieck" der Strategiefähigkeit bestehend aus:

- strategischen Leitlinien als Orientierungspunkte dafür warum, wann, wo und wie gehandelt werden soll;
- einem sicherheitspolitischen Apparat bestehend aus Institutionen und Prozessen, um die Grundlagen des sicherheitspolitischen Handelns zu definieren, diese umzusetzen und auf Basis des Erreichten weiterzuentwickeln;
- der sicherheitspolitischen Kultur als Konstrukt aus Selbstverständnis, Identität, Werten, Interessen und historischen Erfahrungen, die das Handeln einer Regierung in sicherheitspolitischen Fragen beeinflussen.[4]

Alle Pole dieses „goldenen Dreiecks" beeinflussen einander gegenseitig: Vernetzte Sicherheit spricht im Kern die Institutionen und Prozesse an, wird in ihrer konkreten Ausprägung und damit auch in ihrer Wirkung aber maßgeblich von der sicherheitspolitischen Kultur beeinflusst und bedarf der strategischen Leitlinien als Richtschnur. Das verdeutlicht den hohen Anspruch, der mit dem Konzept verbunden ist und illustriert den Handlungsbedarf, den die Autoren des vorliegenden Sammelbandes deutlich benennen.

---

4 So stellt bspw. Zapfe (2011, S.9) fest: „Die deutsche Sicherheitskultur trägt (…) wesentlich zur Strategieunfähigkeit der Bundesrepublik in und für Afghanistan bei." Siehe hierzu weiterführend: Bittner et al. 2011; Münch 2011.

2 Zwischenbilanz: Pragmatisches Handeln führt zu sichtbaren Erfolgen – doch wichtige Fragen bleiben unbeantwortet

Die in der Folge präsentierte Zwischenbilanz erfolgt aus der Sicht von Experten, die als Akteure in unterschiedlichen Dimensionen der Vernetzten Sicherheit tätig sind. Sie haben die Entstehung und die Umsetzung dieses Konzepts entweder in ihren jeweiligen Zuständigkeitsbereichen aktiv unterstützt oder als Beobachter konstruktiv begleitet. Aus diesen verschiedenen Innensichten entsteht eine nuancenreiche Darstellung, in der kritische Aspekte genauso angesprochen werden wie die erzielten Erfolge.

Winfried Nachtwei eröffnet die Analyse aus Sicht eines ehemaligen Mitglieds des Deutschen Bundestags. Mit der Frage, ob der Bundestag im Rahmen der Vernetzten Sicherheit eher Akteur oder Zuschauer ist, bringt er die Diskussion über die Folgen der sicherheitspolitischen Vernetzung für das Parlament auf den Punkt. Sein Fazit: Auch wenn der Bundestag z. B. im Bereich des politischen Wirkungscontrolling und mit dem Einsetzen des Unterausschusses „Zivile Krisenprävention und vernetzte Sicherheit" Akzente gesetzt hat, blieben seine Mitglieder in den letzten Jahren weitgehend Zuschauer der Veränderungsprozesse, denen die Konzepte und die Strukturen deutscher Sicherheitspolitik unterzogen wurden. Gestützt auf seine langjährige Erfahrung und sein aktives Engagement, das Nachtwei mehrmals in die Operationsgebiete der Bundeswehr und in andere Krisenregionen führte, identifiziert er verschiedene Faktoren, die Vernetzung und Kooperation begünstigen bzw. behindern. Als Treiber nennt er u. a. die praktischen Erfahrungen aus den Einsätzen, die individuelle und institutionelle Einstellung zugunsten von Offenheit und gemeinsamer Auftragserfüllung sowie Kompetenz in den Bereichen interkulturelles Verständnis sowie persönliche und institutionelle Interaktion. Dem stehen verschiedene Faktoren gegenüber. Nachtwei nennt insbesondere unverträgliche Ziele und Normen zwischen den involvierten staatlichen und nicht-staatlichen Akteuren, strukturelle Hindernisse bei den Fähigkeiten und den Ressourcen, die die jeweiligen Organisationen in die Zusammenarbeit einbringen können, interkulturelle Inkompetenz im Sinne des Ignorierens der Unterschiede zwischen Organisationen sowie ein Mangel an konzeptioneller Klärung und Präzisierung der Idee der Vernetzten Sicherheit. Nachtwei spricht darüber hinaus auch das große Defizit im Bereich der Kommunikation an, wenn er darauf hinweist, dass mit dem Begriff Erwartungen geweckt wurden, die nicht zuletzt mangels klarer inhaltlicher Profilierung in der Praxis kaum erfüllt werden konnten. Für die Zukunft regt Nachtwei an, in regelmäßigen Abständen eine *Strategic Review* der deutschen Sicherheitspolitik durchzuführen. Die Bundesregierung wäre gefordert, ihre Ziele und ihr Handeln zu erläutern, und der Bundestag sähe sich verstärkt in der Rolle, beides aus seiner Sicht konstruktiv-kritisch zu begleiten. Darüber hinaus schlägt er den Aufbau dauerhaft ressortgemeinsamer Strukturen vor, denn nur über sie „sind Kontinuität, Kompetenz für längerfristige Prozesse und institutionalisiertes Gedächtnis zu erreichen".

Für Erich Vad und Oliver Linz, Leiter bzw. Mitarbeiter der mit sicherheitspolitischen Fragen befassten Gruppe 22 des Bundeskanzleramts, ist Vernetzte Sicherheit der bestimmende Faktor des sicherheitspolitischen Diskurses in Deutschland. Die Attraktivität und die Bedeutung des Begriffs ergeben sich nach ihrer Beurteilung aus seiner Praxisrelevanz. Vernetzte Sicherheit beschreibt aus ihrer Sicht treffend, welche Konsequenzen sich aus dem Wandel der Konfliktursachen und der Konfliktstrukturen nach dem Ende des Kalten Krieges ergeben. Ungeachtet seiner grundlegenden Bedeutung sind bei der Umsetzung des mit der Vernetzten Sicherheit verbundenen Anspruchs aber auch verschiedene Grenzen zu beachten. Vad/Linz unterscheiden dabei fünf Bereiche: Erstens steht und fällt Vernetzte Sicherheit mit der Möglichkeit der Zusammenarbeit zwischen Menschen. Probleme in diesem Bereich können mit Konzepten und Strukturen nur teilweise behoben werden. Der Mangel an „strategischer Geduld", der für den Aufbau der notwendigen persönlichen Netzwerke genauso erforderlich ist wie für die Umsetzung der beabsichtigen Maßnahmen, wirkt zusätzlich verstärkend. Zweitens sind verschiedene verfassungsrechtliche Grenzen (Art. 87 a Grundgesetz, Ressortprinzip, Föderalismus, Trennungsgebot) zu beachten. Diese führen dazu, dass die Forderung nach einem umfassenden Sicherheitsbegriff bis heute verfassungsrechtlich nicht umgesetzt wurde. Drittens sprechen Vad/Linz die strukturellen und kulturellen Faktoren an. Wichtige Aspekte sind die Rolle des Bundestags, die langjährige Tradition von Koalitionsregierungen in Deutschland sowie der nicht immer einfache Umfang mit unterschiedlichen Führungsphilosophien, die von den an einem vernetzten Ansatz beteiligten Akteuren angewendet werden. Als vierten Faktor nennen die Autoren die finanziellen Grenzen und die damit verbundenen Konsequenzen, die sich für die künftige Ausgestaltung staatlicher Handlungsspielräume ergeben können. Konzeptionelle Grenzen sehen Vad/Linz schließlich auch im Umstand, dass zur Bewältigung unterschiedlicher Krisen zwar Erfahrungen aus vorangehenden Handlungsansätzen genutzt werden können, jedoch am Ende jede Krise nach ihrer Überzeugung einer maßgeschneiderten Lösung bedarf. Die Autoren schließen ihre Analyse mit einem Blick auf mögliche Handlungsansätze für die Zukunft. Dabei betonen sie v. a. die Schlüsselrolle der Mitarbeitenden und plädieren dafür, die ressortgemeinsame Aus- und Weiterbildung ebenso zu stärken wie den Personalaustausch zwischen den beteiligten Ressorts.

Auf die zentrale Bedeutung der Mitarbeitenden bei der Umsetzung des Konzepts der Vernetzten Sicherheit gehen auch Thomas Bagger und Wolfram von Heynitz am Beispiel des „vernetzten Diplomaten" ein. Der Leiter des Planungsstabs des Auswärtigen Amts und sein Mitarbeiter stellen in ihrem Beitrag dar, was Vernetzte Sicherheit für das auswärtige Handeln bedeutet. Dabei diskutieren sie verschiedene Ansätze wie z. B. die strukturellen Vorkehrungen zur Verbesserung des Regierungshandelns im Hinblick auf Afghanistan sowie zur Bewältigung von Krisen oder neue konzeptionelle Grundlagen wie die ressortübergreifenden Leitlinien zum Umgang mit fragilen Staaten und das Konzept der Bundesregierung zu neuen Gestaltungsmächten. Im Kern entwickelt ihr Beitrag ein neues Leitmotiv für das Handeln und das Selbstverständnis des Auswärtigen Amts in einer Zeit, in der sich 100 Referate in anderen Ministerien mit außenpolitischen Fragen beschäftigen. Diesen Sachverhalt und die grundlegenden Veränderungen der internationalen Beziehungen nehmen Bagger/von Heynitz zum Anlass um festzustellen, dass Außenpolitik nicht bloß als Summe der internationalen Fachpolitiken verstanden werden kann. Vielmehr bedürfen alle Komponenten der internationalen Verflechtung, die von anderen Ressorts wahrgenommen werden, einer umfassenden Systemintegration, die das Zusammenwirken anhand ressortgemeinsamer strategischer Leitlinien ermöglicht. Damit, so die Autoren implizit, wird das Auswärtige Amt zum Netzwerkdirigenten: Dieser steht nicht in Konkurrenz zu den anderen Ressorts, sondern schafft Mehrwert durch die „internationale Kontextualisierung der jeweiligen fachpolitischen Ziele" im Wege der Einbindung, Befähigung und vernetzten Führung über Organisationsgrenzen hinweg. In dieser neuen

Koordinierungsrolle kommen traditionelle Kernkompetenzen des Auswärtigen Amts wie das Wissen und die Erfahrung, die durch mehr als 220 Auslandsvertretungen bereitgestellt werden können, vollumfassend zur Geltung. Technische Neuerungen wie das in Aufbau befindliche Dialoginformationssystem (DILGIS) werden flankierend genutzt und dürften – in mittel- bis langfristiger Perspektive – den Aufbau eines umfassenden gesamtstaatlichen Lagebildes zu internationalen Vorgängen wesentlich unterstützen. Vernetzte Sicherheit, so das Fazit von Bagger/von Heynitz, bietet die ideale Ausgangslage für die Umsetzung des neuen Leitbildes der „netzwerkorientierten Außenpolitik". Diese leistet ihrerseits Gewähr dafür, dass Frühwarnung, Planung, Austausch und Koordinierung im anspruchsvollen Zusammenwirken staatlicher und nicht-staatlicher Akteure erfolgreich gestaltet werden können.

Bundesminister Dirk Niebel entwickelt den Zugang des Bundesministeriums für wirtschaftliche Zusammenarbeit und Entwicklung zur Vernetzten Sicherheit aus dem Ziel der Entwicklungspolitik. Diese soll Freiheit ermöglichen und ist darauf ausgerichtet, Nachhaltigkeit durch die Stärkung der Selbstverantwortung zu gewährleisten. Damit der Anspruch der menschlichen Sicherheit (*Human Security*) in verschiedenen Krisenregionen Realität wird, ist eine „gleichberechtigte Aufgabenteilung" zwischen Sicherheits- und Entwicklungspolitik unerlässlich. Das setzt voraus, dass die komparativen Vorteile dieser beiden Politikbereiche erkannt und gegenseitig respektiert werden. Minister Niebel verdeutlicht dies an den unterschiedlichen Konsequenzen, die mit dem Streben nach kurzfristiger Wirkung, Flexibilität und Schnelligkeit auf der einen Seite und dem Anspruch nach nachhaltig wirkenden, lokale und regionale Gegebenheiten berücksichtigenden Aufbau von Strukturen auf der anderen Seite verbunden sind. Daher müssen die an entwicklungs- und sicherheitspolitischen Aufgaben beteiligten Akteure „gemeinsame Vorstellungen über kurz-, mittel- und langfristige Ziele" ihres Engagements entwickeln. Auch wenn die Versuchung groß ist, Ansätze, die für eine Krisenregion entwickelt wurden, auch auf andere zu übertragen, warnt Minister Niebel davor, das Engagement in Afghanistan als Blaupause für die Stabilisierung anderer Konfliktherde zu verstehen. Gleichwohl lassen sich nach seiner Bewertung aus den dort gesammelten Erfahrungen Lehren für andere Engagements ableiten. Diese bestehen bspw. in der gegenseitigen und zeitgerechten Einbindung in Ressortplanungen und in der kohärenten Abstimmung zwischen den Akteuren über alle Ebenen von den Ministerien bis ins Feld. Darüber hinaus ist es unerlässlich, das Wissen über die innere Funktionslogik, die Konzepte und die Handlungszwänge der Partner auszubauen. Das Phänomen der fragilen Staatlichkeit, so Minister Niebel abschließend, bedeutet für die Entwicklungspolitik ein höheres Wirksamkeitsrisiko. Nicht zuletzt auch deswegen ist es aus seiner Sicht erforderlich, die Information und die Kommunikation über die entwicklungs- und sicherheitspolitischen Zielen und Maßnahmen der Bundesregierung auszubauen. Nur so können Legitimationsdefizite vermieden sowie die Unterstützung durch den Deutschen Bundestag und die Bevölkerung langfristig sichergestellt werden.

Ralph Thiele und Heiko Borchert beleuchten die Veränderungen des Aufgabenfeldes der Inneren Sicherheit nach dem Ende des Kalten Krieges. Sie identifizieren drei Hauptachsen der Veränderung: In der Tiefe stehen Gefahrenabwehr und Polizeiarbeit vor neuen Herausforderungen, die sich z. B. aus dem Vordringen der Organisierten Kriminalität, sozialen Spannungen und zunehmender Ideologisierung sowie Radikalisierung bestimmter gesellschaftlicher Gruppen ergeben. In der Breite gewinnt die Schnittstelle zwischen öffentlicher Sicherheit und nationaler Wettbewerbsfähigkeit an Bedeutung, was sich an Aufgaben wie dem Schutz Kritischer Infrastrukturen, der Cybersicherheit und der Abwehr der Wirtschafts- und Industriespionage zeigt. Darüber hinaus spielt der Sicherheitsexport in krisenbetroffene Regionen mit Kräften der Inneren Sicherheit eine zunehmend wichtiger werdende Rolle. Gerade der letzte Bereich wirft jedoch neue Fragestellungen hinsichtlich der Organisation und der Vorbereitung der Kräfte der Inneren Sicherheit auf. Die Autoren verdeutlichen dies an der Notwendigkeit der engen Abstimmung zwischen Polizei- und Bundeswehreinsätzen im Ausland, die aus ihrer Sicht nur dann gelingen kann, wenn die Akteure aus beiden Bereichen bereits im frühen Stadium der Einsatzplanung miteinander kooperieren. Besonders wichtig ist dabei eine aus den übergeordneten nationalen Interessen und den Bedürfnissen der lokalen, krisenbetroffenen Bevölkerung abgeleitete Zielformulierung. Diese erlaubt es auch, die Wirkung des eigenen Handelns in Krisenregionen zu messen und schafft damit die Grundlage für die stufenweise Aufgabenübertragung an lokale Akteure und den Rückzug aus der Region. Effizienz und Effektivität sind mit Blick auf die neuen Herausforderungen und die aktuelle Finanzlage wichtige Quellen der Legitimierung des Handelns der Sicherheitskräfte. Damit gewinnt auch die Nutzung moderner Technologie für die Kräfte der Inneren Sicherheit an Bedeutung. Mit Blick auf den Zugewinn an gesteigerter Handlungsfähigkeit, der aus dem Einsatz moderner Technologie resultieren kann, und die neuen Sicherheitsherausforderungen sehen Thiele/Borchert in der engen öffentlich-privaten Sicherheitszusammenarbeit das Gebot der Stunde.

Den Wandel der Bundeswehr im Zeichen der Vernetzten Sicherheit beschreibt Jörg Neureuther, der als Bundeswehroffizier gegenwärtig beim *Allied Command Transformation* der NATO in Norfolk arbeitet. Seine Ausführungen verdeutlichen die enge konzeptionelle und praktische Verknüpfung zwischen dem Prinzip der Vernetzten Sicherheit als politisch-strategische Maxime und der Vernetzten Operationsführung als militärischer Umsetzungsansatz. Treffend beschreibt er in diesen Zusammenhang die doppelte Integrationsfunktion, die von der Bundeswehr gefordert wird: zivil-militärisch nach außen zum verbesserten Zusammenwirken mit nicht-militärischen Partnern und militärisch nach innen und außen zur reibungslosen Zusammenarbeit der Teilstreitkräfte im nationalen und internationalen Kontext. Besonders aufschlussreich ist Neureuthers Analyse dort, wo er den Prozess der Bundeswehrtransformation im Lichte der Vorgänge im NATO-Umfeld beschreibt und darstellt, welche Faktoren im multinationalen Umfeld die Umsetzung des *Comprehensive Approach* begünstigen bzw. behindern. Wichtig sind auch in diesem Zusammenhang die Wechselwirkung zwischen nationaler und internationaler Ebene sowie die Entwicklungsperspektiven, die sich daraus ergeben. So spricht Neureuther mit dem *Afghanistan Mission Network* (AMN) ein zentrales Element künftiger multinationaler Einsätze dar, das dazu beiträgt, einsatzrelevante Informationen mit einer Vielzahl von Akteuren zu erarbeiten, zu analysieren und zu teilen. Das AMN und die darauf aufsetzenden Initiativen schaffen die Grundlage für die vernetzte Darstellung der Informationslage in relevanten Einsatzräumen und sind damit zentrale Bausteine des angestrebten gemeinsamen Lagebewusstseins und Lageverständnisses. Solche Initiativen wirken sich ihrerseits wiederum auf die nationale Ebene aus und definieren wichtige Anforderungen an nationale Konzepte, Verfahren und eingesetzte Systeme. Neureuther geht darauf am

Beispiel der neuen IT-Strategie der Bundeswehr ein und bezeichnet diese als „guten, ehrlichen und mutigen Schritt" in der Bestandsaufnahme und in der Vision für die Zukunft. Er lässt dabei nicht unerwähnt, dass „lange geduldete Partikularinteressen" zu zersplitterten Insellösungen geführt haben. Vernetzte Sicherheit und Vernetzte Operationsführung, so Neureuthers Fazit, werden auch angesichts der künftigen Sicherheitsherausforderungen nicht an Relevanz verlieren. Um die Konzepte aber auch in der Praxis mit Wirkung realisieren zu können, sind viel Kraft und konsequente Führung unerlässlich.

Das verbesserte Zusammenwirken ziviler und militärischer Elemente ist ein wesentliches Anliegen der Vernetzten Sicherheit. Welchen Beitrag gemeinsame Übungen hierzu leisten können, verdeutlicht Ton Van Loon, seit April 2010 Kommandierender General I. Deutsch-Niederländisches Korps und davor unter anderem auch Kommandeur des ISAF-Regionalkommandos Süd in Afghanistan (2006–2007). Van Loon schildert zuerst sehr anschaulich aus seiner Einsatzerfahrung im Kosovo und in Afghanistan, unter welchen Belastungsproben die zivil-militärische Zusammenarbeit im Einsatz steht. Daraus leitet er die Erkenntnis ab, dass die Zusammenarbeit bei gemeinsamen Einsätzen wesentlich verbessert werden kann, wenn sich alle Akteure vor Einsatzbeginn über ihre gemeinsamen Ziele und Vorgehensweisen verständigen und die Kooperation im Vorfeld gemeinsam trainieren. Auf dieser Einsicht basiert COMMON EFFORT, eine deutsch-niederländische Übungsanlage. Anders als bei traditionellen militärischen Übungen, werden die zivilen Elemente nicht bloß durch Rollenspieler dargestellt. Vielmehr geht es darum, zivile Akteure mit ihren Interessen, konzeptionellen Vorstellungen und Verfahren sowie ihren Einsatzerfahrungen systematisch in alle Stufen der Übungsdefinition, -umsetzung und -auswertung einzubeziehen. Alle Elemente eines vernetzten Ansatzes – von der Doppelbesetzung der Mission durch zivile und militärische Führer bis zur Integration von nicht-staatlichen Akteuren und internationalen Organisationen – wurden mit COMMON EFFORT von November 2010 bis September 2011 real trainiert. Als wesentlicher Erfolgsfaktor erwies sich dabei die aktive Mitgestaltung des Auswärtigen Amtes in Berlin und des Außenministeriums in Den Haag, denn dadurch gelang es, verschiedene nicht-staatliche und internationale Partner in die Übung zu integrieren. Wichtig war darüber hinaus auch die Bereitschaft des I. Deutsch-Niederländischen Korps, die zivilen Partner durch Übernahme administrativer Funktionen zu entlasten und durch die Weitergabe von Informationen eine offene Arbeitsatmosphäre zu schaffen. COMMON EFFORT, so das Fazit van Loons, war ein wichtiger Meilenstein auf dem Weg, das I. Deutsch-Niederländische Korps als gemeinsames Hauptquartier zu etablieren, das ressort- und organisationsübergreifend zusammenarbeiten kann. Damit positioniert sich das Korps auch innerhalb der NATO als führender Akteur bei der Umsetzung des Bekenntnisses der Allianz zum vernetzten Ansatz, dessen Bedeutung in den Gipfelerklärungen von Bukarest (2008), Lissabon (2010) und Chicago (2012) betont wurde.

Gestützt auf die Arbeit am Zentrum für Internationale Friedenseinsätze (ZIF) und eine 2011 durchgeführte Umfrage der dort angesiedelten „Arbeitsgruppe Vernetzte Sicherheit" rundet der Beitrag von Andreas Wittkowsky, Wanda Hummel und Tobias Pietz den Sammelband ab. Das ZIF-Autorenteam beleuchtet kurz und prägnant den generellen konzeptionellen Rahmen der Vernetzten Sicherheit und vergleicht diesen mit den in der Praxis erzielten Ergebnissen. Das Autorenteam kommt dabei zum Schluss, dass im Alltag spürbare Fortschritte erzielt wurden, jedoch gleichzeitig auch noch ein weiter Weg zu gehen ist, um den mit Vernetzter Sicherheit verbundenen Anspruch zu realisieren. Das bestehende Ressortprinzip, die nach wie vor starke Personenorientierung und eine mitunter fehlende Rückkoppelung zwischen operativ tätigen Einheiten und den Ministerien sind drei Schwachpunkte, die deutlich herausgearbeitet werden. Konkrete Ansatzpunkte für Verbesserungen sieht das Autorenteam im Bereich der Führung und der (ressortgemeinsamen) Definition von Zielen, insbesondere für Einsatzländer, der Stärkung der Analysekapazitäten für Früherkennung und für die Lagedarstellung bzw. -verfolgung sowie im Bereich des Wissensmanagements, um die Lehren aus den Einsätzen nicht nur zu identifizieren, sondern auch konkret umzusetzen. Mit diesen Erkenntnissen unterstreichen Wittkowsky/Hummel/Pietz die Notwendigkeit, den Managementaspekten eines den aktuellen und künftigen Herausforderungen gerecht werdenden sicherheitspolitischen Ansatzes deutlich mehr Aufmerksamkeit zu schenken, als dies bislang der Fall ist.

3 Vernetzte Sicherheit *Reloaded*: Gedanken zur Weiterentwicklung eines erfolgreichen Ansatzes

Die vorgelegte Zwischenbilanz macht deutlich, dass die Praktiker dem Prinzip der Vernetzten Sicherheit hohe Relevanz beimessen. Die Autoren rufen aber gleichzeitig auch in Erinnerungen, dass es Schwächen gibt. Diese sollten behoben werden, um die Wirkungskraft des Prinzips als handlungsleitende Maxime noch besser zur Geltung zu bringen. Die Weiterentwicklung der Vernetzten Sicherheit sollte daran ansetzen und gleichzeitig darauf bedacht sein, Erreichtes zu stärken und zu festigen. Hierfür sehen wir drei Handlungsfelder: Themen, Prozesse und Instrumente.

3.1 Themen

Vernetzte Sicherheit ist ein Organisationsprinzip das beschreibt, weshalb das Zusammenwirkungen zwischen sicherheitsrelevanten Akteuren unterschiedlichster Provenienz effektiver und effizienter gestaltet werden muss und wie dies erreicht werden kann. Die Forderung nach Effektivität verweist auf einen der erkannten Schwachpunkte, nämlich den Mangel an konkreten Zielvorgaben. Ohne diese inhaltlichen Zielvorgaben kann die Notwendigkeit vernetzten Agierens weder begründet noch nachvollziehbar gemessen werden. Deshalb besteht aus unserer Sicht der wichtigste Ansatzpunkt zur Weiterentwicklung der Vernetzten Sicherheit in der Kombination aus strategischer Kommunikation in Verbindung mit der Benennung jener Themen, die für Sicherheit und Prosperität im 21. Jahrhundert maßgeblich sein werden. Daraus kann das Rational entwickelt werden, dass die Vernetzte Sicherheit als Handlungsmaxime trägt und öffentlichkeitswirksam erklärt.

Begrüßenswert ist, dass Bundesverteidigungsminister de Maizière mit seiner Rede zur „Kommunikation der Bundeswehr" am 6. Juli 2012 in Dresden einen konkreten Akzent in diese Richtung gesetzt hat.⁵ Mit der sicherheitspolitischen Meinungsbildung und der gesellschaftlichen Verankerung (der Bundeswehr) sprach der Minister zwei wichtige Handlungsfelder an. Maßgeblich für beide ist, anhand welcher Grundsatzüberlegungen die Handlungsweise der Bundesregierung erklärt und damit die Notwendigkeit der Vernetzten Sicherheit begründet wird. Dies ist selbstredend nicht nur eine Aufgabe des Verteidigungsministers, sondern nimmt alle Regierungsmitglieder in die Pflicht. Thomas Bagger und Wolfram von Heynitz haben in ihrem Beitrag mehrere aktuelle amtliche Dokumente erwähnt, in denen Leitlinien für das außen- und auch sicherheitspolitische Handeln erläutert werden. Von besonderer Bedeutung ist dabei die Ausarbeitung zu den neuen Gestaltungsmächten. Die darin enthaltenen Gedanken zu den grundsätzlichen Veränderungen des internationalen Systems sollten aus unserer Sicht verstärkt auf drei Aspekte zugeschnitten werden, die die Notwendigkeit der Vernetzten Sicherheit deutlich unterstreichen:

1. *Global Commons* vs. A2AD
   Zentrales Merkmal der Globalisierung ist der freie Austausch von Gütern, Informationen, Kapitel und Personen. Dieser Austausch ist unerlässlich, um eine stetig wachsende Weltbevölkerung zu ernähren, Volkswirtschaften zu versorgen und Unternehmen Zugang zu Absatzmärkten zu erschließen. Maßgeblich für diese Versorgung ist der Zugang zu Transportkorridoren und Transportmitteln. Transportkorridore verlaufen durch Räume, die teilweise der nationalen Souveränität unterliegen, teilweise aber auch allen staatlichen und nicht-staatlichen Akteuren zum freien Zugang zur Verfügung stehen. Genau um diese Korridore und Versorgungsräume entwickelt sich gegenwärtig ein strategischer Wettbewerb, der sich im Machtkampf um die Freiheit der *Global Commons* (Hohe See, Luft-, Welt- und Informationsraum) spiegelt. Wer für sich selbst sicherstellt, dass er Zugang zu diesen Räumen hat, sich darin frei bewegen und diese Räume nutzen kann, der übt im 21. Jahrhundert strategischen Einfluss aus – Gleiches gilt für diejenigen Akteure, die in der Lage sind, die Handlungs- und Bewegungsfreiheit Dritter in diesen Räumen einzuschränken oder gar zu unterbinden. Im Wechselspiel zwischen dem Streben nach der Freiheit der *Global Commons* und der Ausübung von Zugangsbeschränkungen (*Anti-Access and Area Denial*, A2AD) spielt sich die geostrategische und geoökonomische Entwicklung in den nächsten Jahrzehnten ab (Borchert 2012).⁶

   Jene Akteure, die nach ihren eigenen Spielregeln Einfluss auf die strategisch relevanten Räume ausüben wollen, nutzen verschiedene Ansätze: Militärisches Abschreckungspotenzial wird eingesetzt, um Dritten klar zu machen, dass das Offenhalten relevanter Versorgungskorridore wie der Straße von Hormuz mit Kosten verbunden

---

5 Auf Thomas Wiegolds Blog „Augen geradeaus" können Audiodateien zur Ministerrede abgerufen werden: http://augengeradeaus.net/2012/07/hinweis-ministerrede-zur-kommunikation-der-bundeswehr/. Winfried Nachtwei hat die Rede auf seiner Homepage positiv kommentiert: http://nachtwei.de/index.php/articles/1147. Zugegriffen: 12. Juli 2012.

6 *Anti-Access* meint die Fähigkeit, den Zugang zu einem strategisch relevanten Raum verwehren zu können; *Area Denial* beschreibt die Fähigkeit, die Bewegungs- und Handlungsfreiheit in einem strategisch relevanten Raum einschränken zu können. Siehe hierzu, wenn auch mit primär militärischem Fokus: Department of Defense 2012.

sein wird; ökonomisch kann die eigene Verfügungsgewalt über Rohstoffe ebenso als Hebel genutzt werden wie der Zugang zu einem attraktiven Markt, der bspw. ausländischen Unternehmen nur gewährt wird, wenn diese mit nationalen Akteuren kooperieren oder Elemente des Wertschöpfungsprozesses in die entsprechenden Länder verlegen; umwelt- und klimapolitisch können eigene Standards ins Feld geführt werden, um Marktzugänge an Bedingungen zu knüpfen. Neue Gestaltungsmächte nutzen diese Hebel bereits heute, um internationalen Einfluss auszuüben. Und dieser Trend wird künftig an Bedeutung gewinnen, weil sich die wirtschaftlichen Kräfteverhältnisse verschieben: 2010 waren die USA, China, Deutschland, Japan und Frankreich die *Top* 5-Handelsnationen. 2050 sind es China, Indien, die USA, Deutschland und Korea (Buiter und Rahbari 2011)![7] Damit einher geht die Notwendigkeit, die Relevanz verschiedener Räume als Zieldestinationen und Transportkorridore aus Sicht deutscher Prosperitäts- und Stabilitätsinteressen neu zu bewerten. Ein vernetzter Ansatz ist deshalb unerlässlich, um die angesprochenen Entwicklungen zu verfolgen und zu analysieren, die wichtigsten Akteure zu identifizieren, deren Motive zu erkennen und um die Konsequenzen für Deutschlands politische, wirtschaftliche und gesellschaftliche Interessen zu bewerten. Selbstredend können Antworten auf das Spannungsverhältnis zwischen *Global Commons* und A2AD nicht nur über Maßnahmen in einem Politikfeld gesetzt werden, sondern bedürfen der gesamtstaatlichen Abstimmung, die auch die nicht-staatlichen Partner einbeziehen muss.

2. Zunehmende Verwundbarkeit

Globale Austauschprozesse eröffnen vielfältige Kooperationsmöglichkeiten – und schaffen gleichzeitig auch zahlreiche Verwundbarkeitsvektoren. Es ist gerade die stark ausgeprägte Vernetzung zwischen Unternehmen und Gesellschaften, die bewirkt, dass sich natur-, akteurs-, technologie- oder organisationsbedingte Gefährdungen schnell und weiträumig auf viele verschiedene Bereiche unseres Alltags auswirken können. Darin liegt die Verbindung zum ersten Thema, den *Global Commons*. Wer die Verwundbarkeit nutzen will, die sich aus der Abhängigkeit von strategisch relevanten Räumen ergibt, stört die Austauschprozesse, die in diesen Räumen erfolgen. Das ist der Grund, weshalb bspw. Cyberunsicherheit nicht nur ein technisches Phänomen darstellt, sondern im Kern von fundamentaler ökonomischer Bedeutung ist: Ohne Navigationssysteme, ohne störungsfrei funktionierende Informations- und Kommunikationstechnologie in Häfen, Flughäfen, Bahnhöfen sowie bei den Fahr- und Flugzeugen und im Logistikmanagement ist keine Versorgung möglich. Und selbst Naturgefahren wie Hochwasser und Erdbeben können die über verschiedene Verkehrsträger im Sekundentakt aufeinander abgestimmten Versorgungsströme außer Tritt bringen, wie die Auswirkungen des Erdbebens in Fukushima (2011) bzw. der Fluten in Thailand (2011) z. B. auf die globale Chip- und Festplattenproduktion verdeutlicht haben.

---

[7] Deutschlands Anteil am Welthandel lag 2010 bei 2.865 Mrd. $ oder 9,5 %. Dieser Anteil soll bis 2050 zwar auf 9.942 Mrd. $ steigen, doch das bedeutet ein relatives Schrumpfen auf 3,5 %. Chinas Anteil von 3.579 Mrd. $ oder 9.5 % im Jahre 2010 erhöht sich bis 2050 auf 18,2 % oder 52.217 Mrd. $ (Buiter und Rhabari 2011, S. 22).

Die Diskussion über Kritische Infrastrukturen, deren Ausfall für Gesellschaften, Volkswirtschaften und politische Systeme von zentraler Bedeutung sein kann, hat den Aspekt der Verwundbarkeit globaler Wertschöpfungsprozesse erst ansatzweise aufgenommen. Auch in diesem Fall gilt, dass die Gefährdungsanalyse, die Sicherheitsvorsorge, die Ereignisbewältigung sowie die Wiederherstellung des Vor-Krisen-Zustands umfassend konzipierter werden müssen. Das gilt für die nationale Sicherheit genauso wie für die Stabilisierung von Regionen fragiler Staatlichkeit. Die Verwundbarkeit der Transportinfrastruktur ist dort teilweise noch deutlich ausgeprägter, auch wenn sie weniger stark von moderner Technologie abhängt. Denn: Ohne Anbindung an die weltwirtschaftlichen Versorgungswege erreicht der Prozess der Globalisierung nicht jene Regionen, die darauf am dringendsten angewiesen sind: Von den 155 Ländern, die anhand des *Logistics Performance Index* der Weltbank bewertet werden, handelt es sich bei den *Top* 10 um Industrieländer mit hohem Einkommen. Die *Bottom* 10 umfasst ausschließlich Länder mit niedrigem bis sehr niedrigem Einkommen, wobei acht der zehn Länder auf dem afrikanischen Kontinent liegen (Arvis et al. 2012). Insofern ist bspw. funktionierende Logistik für die Stabilität in fragilen Regionen ebenso sehr eine wirtschafts- und sicherheitspolitische wie entwicklungspolitische Priorität.

3. Wachsende Hybridität
   Hybridität bezeichnet ein Entwicklungsbild, das durch die Gleichzeitigkeit unterschiedlichster, teilweise auch widersprüchlicher Zustände und Handlungen beschrieben werden kann. Von den fünf Attributen mit denen die *Foresight*-Einheit des britischen Verteidigungsministeriums (Ministry of Defence 2010) das künftige Konfliktbild beschreibt, bringen drei Merkmale diesen Umstand zum Ausdruck: Dieses ist *Congested* im Sinne von unübersichtlich und eng, weil Handlungen von einer unüberschaubaren Zahl von Akteuren ausgeführt werden; *Cluttered*, weil gerade Enge und Unübersichtlichkeit dazu führen, dass nicht mehr klar zwischen Freund und Feind unterschieden werden kann; *Contested*, weil die Proliferation neuer Technologien den nicht-staatlichen Akteuren ein Disruptionspotenzial in die Hände legt, das bislang nur Staaten vorbehalten war.[8]

   Hybridität bedeutet damit, dass die Orientierungspunkte, die bislang genutzt wurden, um zu definieren, welche Akteure mit Blick auf einen möglichen Konflikt welche Motive/Ziele verfolgen, dazu welche Mittel nutzen und sich wie in welchen Räumen bewegen, weitgehend verloren gehen. Das stellt die Analyse auf allen Ebenen der Entscheidungs-, Planungs- und Maßnahmenunterstützung vor grundsätzlich neue Herausforderungen. Von besonderer Bedeutung ist dabei insbesondere der Umstand, dass nicht mehr eindeutig zwischen legal bzw. illegal agierenden staatlichen, nicht-staatlichen und Mischakteuren unterschieden werden kann, weil bspw. legale Formen des Wirtschaftsaustauschs auch zur Finanzierung illegaler Handlungen genutzt werden. Verstärkt wird der Trend zur Hybridität durch die Digitalisierung des modernen

---

8 Die anderen beiden Merkmale lauten: *Connected* im Sinne der Durchdringung der Räume mit moderner Informations- und Kommunikationstechnologie sowie *Constrained* aufgrund rechtlicher Vorgaben und moralischer Handlungsmaximen, die der Anwendung von (militärischer) Macht in Demokratien enge Grenzen setzen. Siehe hierzu: Ministry of Defence 2010.

Lebens, die es nicht nur einfacher macht, Identitäten zu entwenden, zu fälschen und zu manipulieren. Das Disruptionspotenzial, das in hybriden Kampagnen im und aus dem digitalen Raum steckt, wird bislang erst ansatzweise verstanden (Sandawi 2011). Ein gesamtstaatlicher Wissensverbund, in dem die Erkenntnisse der verschiedenen Behörden mit Wirtschaft und Wissenschaft geteilt werden, um Muster hybrider Handlungen und Akteure frühzeitig zu erkennen, kann eine mögliche Konsequenzen sein, die sich aus dem beschriebenen Trend ergibt.

3.2 Prozesse

Wir haben im ersten Abschnitt beschrieben, dass Vernetzte Sicherheit erst ansatzweise institutionell abgebildet ist. In den letzten Jahren entstand eine Vielzahl unterschiedlicher „Inseln der Exzellenz" (Abb. 2), die aber bislang nicht umfassend und systematisch miteinander verknüpft werden konnten. Schwierigkeiten der institutionellen Anpassung als Folge veränderter Umfeldbedingungen sind vielmehr Ausdruck allgemeiner Probleme der Adaptionswilligkeit und Adaptionsfähigkeit von Institutionen im öffentlichen und privatwirtschaftlichen Umfeld. So stellte die Bertelsmann Stiftung zum Thema „Nachhaltiges Regieren in der OECD – Wie zukunftsfähig ist Deutschland?" kürzlich fest:

> In Sachen institutioneller Lernfähigkeit und Selbstbeobachtung erhält das deutsche Regierungssystem (…) schlechte Noten von den Ländergutachtern (…). Es gibt innerhalb des Regierungsapparates keine spezifische institutionelle Einrichtung, die unabhängig und unparteiisch für ein systematisches „Monitoring" der Regierungsaktivitäten und -leistungen zuständig ist. Die Regierungs- und Verwaltungsstrukturen spiegeln zu einem beträchtlichen Teil noch die Strukturen aus der Zeit des 19. Jahrhunderts sowie der Zeit nach dem Zweiten Weltkrieg – mit stark versäulten Ministerien, einer eher nach innen gerichteten Verwaltung und einer vergleichsweise schwachen Regierungszentrale. (Schrader-Tischler 2011, S. 83)

Dieses allgemeine Defizit ist für die Vernetzte Sicherheit besonders relevant, denn diese ist auf institutionelle Lernfähigkeit und fortlaufende, vorausschauende Weiterentwicklung der außen- bzw. sicherheitspolitischen Instrumente und Entscheidungsfindung angelegt. Ob und inwieweit die Konsequenzen aus den Ermittlungspannen um die Mordserie der rechtsextremistischen Terrorgruppe Nationalsozialistischer Untergrund (NSU) zu einer umfassenden Umgestaltung der deutschen Sicherheitsarchitektur führen werden, ist im Moment noch offen. Offensichtlich ist aber, dass ein „institutionelles Gravitationszentrum" jenseits der klassischen Ressortzuständigkeiten und Ressortkapazitäten fehlt. Eine Bündelung von Expertise und Kapazitäten ist aus unserer Sicht notwendig, um die bestehenden Ansätze in Richtung eines gesamtstaatlichen Prozesses der Strategiedefinition, -umsetzung und -weiterentwicklung auszubauen und zu stärken. Folgende Aspekte spielen dabei eine wichtige Rolle:

- Lageanalyse, -beurteilung und -monitoring
  Abbildung 2 macht deutlich, dass verschiedene Ansätze ergriffen wurden, um den Informationsaustausch zur Lagedarstellung zu verbessern. Richtig ist aber auch, dass eine aus den Interessen und Zielen deutscher Außen-, Sicherheits- und Wirtschafts-

politik abgeleitete Strukturierung des Wissensbedarfs für die Vorausschau und die Entscheidungsunterstützung bislang noch nicht umfassend vorhanden ist. Damit ist aber eine aus dem gesamtstaatlichen Interesse resultierende Steuerung der verschiedenen informationsbeschaffenden und -auswertenden Behörden nicht möglich. Genau hier müsste aber ein nachhaltiges Informationsmanagement für die Führung im Zeichen der Vernetzten Sicherheit ansetzen (s. Abschn. 3.3). Dabei sollte der Fokus v. a. auf der umfassenden Auswertung der Erkenntnisse und ihrer Aufbereitung für die Entscheidungsunterstützung liegen.

- Strategieentwicklung, -umsetzung und -controlling
  Bislang fehlt hierzu ein übergeordneter Prozess – wohl nicht zuletzt auch deshalb, weil über Sinn und Zweck von Strategie im politischen Kontext seit langer Zeit heftig und kontrovers debattiert wird. Knapp und deutlich stellen Joachim Raschke und Ralf Tils in diesem Zusammenhang fest:

  > Strategie kommt nicht von unten, aber auch nicht von oben in die Politik. Sie sickert ein über die Ebenen von Beratung und Diskurs. Irgendwann ist um die Spitzenleute soviel Strategie, dass sie mithalten müssen, um nicht zurück zu fallen. Die Unfähigkeit, strategisch denken und sprechen zu können, muss ihnen peinlich werden (…) (Raschke und Tils 2011, S. 46).

  Genau dieser Effekt bedarf aber eines entsprechenden Prozesses. Winfried Nachtwei weißt in diesem Zusammenhang zu Recht darauf hin, dass der Bundestag mit der Forderung nach einer regelmäßigen *Strategic Review* der Außen- und Sicherheitspolitik viel bewegen könnte. Die Rechenschaft gegenüber dem Parlament würde es erfordern, Ziele zu benennen, Maßnahmen darauf abzustimmen und die Wirkung der Maßnahmen mit Blick auf die Ziele zu evaluieren. Ansatzweise wird das bereits getan, aber noch nicht in der Gesamtschau. Wünschenswert wäre daher, wenn sich eine neue Bundesregierung dieses Themas annehmen würde, um im Dialog mit dem Bundestag die inhaltliche Debatte über das Wie und Womit der deutschen Außen- und Sicherheitspolitik intensiver zu führen. Gleichzeitig würde diese Debatte deutlich an Qualität gewinnen, wenn der Bundestag mit der Bundesregierung nicht nur um die Ziele der Außen- und Sicherheitspolitik ringen würde, sondern auch um die handwerklichen Aspekte ihrer Umsetzung – so wie das i. d. R. in Großbritannien und in den Vereinigten Staaten der Fall ist.[9]

- Stakeholder Management
  Verwaltungs- und Regierungsapparate sind durchlässiger geworden. Veränderte gesellschaftliche Präferenzen und neue Techniken der Kommunikation machen es

---

9 Siehe z. B. die Debatten im britischen Parlament zu den laufenden Einsätzen (z. B. zur jüngsten Operation in Libyen: http://www.publications.parliament.uk/pa/cm201012/cmselect/cmdfence/950/95002.htm) sowie die umfassenden Hearings, mit denen der US-Kongress von der Regierung Rechenschaft über die laufenden Engagements in Afghanistan und Irak verlangt (http://oversight.house.gov/wp-content/uploads/2012/04/12-7-11-Subcommittee-on-National-Security-Homeland-Defense-and-Foreign-Operations-Hearing-Transcript.pdf). Zugegriffen: 16. Juli 2012.

möglich, Akteure aus den unterschiedlichsten Bereichen in die politische Arbeit einzubinden. Baggers/von Heynitz' Plädoyer für eine „netzwerkorientierte Außenpolitik" basiert auf der Feststellung, dass die Pflege der Beziehungen zu verschiedenen Anspruchsgruppen heutzutage unerlässlich ist. Auch in diesem Punkt gilt aber wieder: In einem Ansatz der Vernetzten Sicherheit sind die Beziehungen, die Partner A zu Akteur B pflegt auch für Partner C von Bedeutung – das macht Generalleutnant van Loon am Beispiel seiner Einsatzerfahrungen aus Afghanistan sehr deutlich. Daher erscheint uns ein gemeinsamer Ansatz des *Stakeholder Management* gerade im Bereich der Außen- und Sicherheitspolitik dringend geboten, um Ziele der Interaktion mit Dritten zu benennen, Mittel und Verfahren des Austauschs zu präzisieren und ein Verständnis dafür zu entwickeln, welche Beziehungen geknüpft, aufrechterhalten und beendet werden.

- Strategische Kommunikation
Eng mit der Forderung nach einem eigenständigen *Stakeholder Management* verbunden ist die Notwendigkeit, die strategische Kommunikation zu stärken. Im Sinne der Wirkung der eigenen Politik geht es dabei natürlich um die Identifizierung der Zielgruppen, die Definition der Botschaften, die Wahl der Mittel sowie der Akteure, die die Botschaften transportieren, und das Messen der Wirkung des eigenen kommunikativen Handels. Die Veränderungen des Medienumfelds und des Nutzungsverhaltens der Adressaten, die erreicht werden sollen, beschreiben dabei nur eine Achse der Herausforderungen. Die andere Achse resultiert sich aus der Notwendigkeit, sich verstärkt mit jenen Akteuren zu beschäftigen, die moderne Medien zur gezielten Radikalisierung und Destablisierung nutzen, um diesem Verhalten konsequent zu begegnen. Verschiedene Akteure des außen- und sicherheitspolitischen Umfeldes kommunizieren und wirken über ihr Handeln: das gilt für die Entscheidung zugunsten eines Entwicklungshilfeprojekts genauso wie für die Ächtung von Personen durch diplomatische Mittel, den Auftritt eines Polizei- bzw. Presseoffiziers oder die Entscheidung, auf bestimmte Entwicklungen oder Ereignisse nicht zu reagieren. Angesichts der vielfältigen Anforderungen und Wechselwirkungen ist strategische Kommunikation die „Königsklasse" der Vernetzten Sicherheit – umso wichtiger, dass hierfür möglichst bald ressortübergreifende Leitlinien erarbeitet werden.

- Change Management
Strategische Kommunikation ist zugleich ein Schlüsselbaustein des dringend erforderlichen *Change Management,* das dem skizzierten Veränderungsbedarf aktiv und engagiert in ressortübergreifende, leistungsstarke Lösungen überführt. Unter Rücksichtnahme auf öffentliche Meinung, Wahlen, industrielle Klientel und Mitarbeitende haben es sich die Verantwortlichen in den letzten Jahren (zu) leicht gemacht, harten Entscheidungen zur Umsetzung der Vernetzten Sicherheit auszuweichen. Dabei wurde entweder nicht gehandelt oder es wurden fragmentierte, wenig aufeinander abgestimmte Ansätze realisiert. Dabei wurden Mitarbeiter, Organisation und Technologie beliebig variiert bzw. gegeneinander in Stellung gebracht. Gerade angesichts der bestehenden Ressourcenknappheit ist daher ein „Weiter-so-wie-bisher"-Ansatz keine Alternative, will Deutschland nicht an internationalem Gestaltungseinfluss verlieren. Deshalb muss Führungsstärke zugunsten des skizzierten Wandels in Persön-

lichkeiten und in verantwortlichem Projektmanagement deutlich sichtbarer werden. Das geforderte *Change Management* muss Mitarbeiter, Organisation und Technologie in Einklang bringen und dabei antworten auf wichtige Fragen geben: Welche Strategie zeichnet den Weg für die Veränderung vor? Welche Konsequenzen ergeben sich daraus für die ressortgemeinsamen und die ressortspezifischen Aufbau- und Ablauforganisationen? Was bedeutet dies für die Organisationskultur? Welcher Bedarf resultiert daraus für die künftig benötigte Technologie? Und wie wird die Veränderung kommunikativ vorbereitet und begleitet?

- Personalentwicklung
  Alle vorangehenden Überlegungen basieren im Kern darauf, dass kompetente, motivierte, selbstbewusst handelnde Mitarbeiterinnen und Mitarbeiter in der Lage sind, sich erfolgreich in einem dynamischen Sicherheitsumfeld und einem anspruchsvollen Organisationsumfeld zu bewegen. Physische, mentale und intellektuelle Fähigkeiten müssen dabei ebenso gestärkt werden wie Eigeninitiative, Selbständigkeit, Selbstmotivation und Eigenverantwortung. Ressortübergreifende Ausbildungseinrichtungen und Vorbereitungskurse auf anspruchsvolle Einsätze leisten wichtige Beiträge, um die Mitarbeitenden zu qualifizieren. Ein nächster wichtiger Schritt besteht in der Weiterentwicklung der Vorschläge von Vad/Linz darin, die Personal- und Laufbahnplanung noch konsequenter als bisher auf die Anforderungen der Vernetzten Sicherheit auszurichten. Der Einsatz in anderen Ressorts, in der Privatwirtschaft, in der Wissenschaft, bei internationalen Organisationen und befreundeten Nationen sollte verbunden werden mit der Definition konkreter Anforderungsprofile für unterschiedliche Funktionen. Erhöhte Durchlässigkeit bei der Besetzung von Positionen ist dabei ebenso zu berücksichtigen wie die Unterstützung des Wechsels in Funktionen außerhalb des bisherigen Arbeitsumfeldes.

3.3 Instrumente

Die zielorientierte Zusammenarbeit mit Akteuren unterschiedlichster Provenienz ist Kern der Vernetzten Sicherheit. Eine wichtige Voraussetzung für den Erfolg dieser Zusammenarbeit ist ein gemeinsames Bewusstsein für und Verständnis der Lage, in der sich die Akteure befinden, und der Faktoren, die die Entwicklung der Lage beeinflussen können. Daher ist ein umfassendes Lagebild, das sich auf Wissensprodukte der Behörden, der Privatwirtschaft und der Wissenschaft abstützt, ein Schlüsselinstrument, um Vernetzte Sicherheit zum Erfolg zu führen.

Der Bedarf an Verfahren, Instrumenten und Kapazitäten zur Lagedarstellung und -bewertung wird heute weitgehend mit ressorteigenen Lösungen gedeckt. Mehrere Ressorts verfügen dazu auch über eigene Lagezentren. In der Nachrichtendienstlage im Bundeskanzleramt erfolgt ansatzweise eine Integration zu einer Gesamtlagebeurteilung, doch beschränkt sich diese auf den Austausch zwischen den Sicherheitsbehörden und der Bundesregierung. In jüngster Vergangenheit wurden die Bemühungen verstärkt, ressortübergreifende Ansätze der Lagedarstellung zu stärken, bspw. im Bereich der Frühwarnung. Diese gilt es zu stärken.

Als Schwierigkeit erweist sich in diesem Zusammenhang allerdings die Tatsache, dass die gesamtstaatlichen Führungsstrukturen im Bereich der Außen- und Sicherheitspolitik nur sehr schwach ausgestaltet sind. Immer wieder schwenkt die politische Diskussion daher auf die Frage ein, ob Deutschland eine Einrichtung wie den Nationalen Sicherheitsrat in den USA braucht. Die Frage wird dabei meist machtpolitisch mit Bezug auf das Verhältnis des Bundeskanzleramts und den Ressorts diskutiert. Weitgehend ausgeblendet werden dabei die Dimensionen der förderalen Zusammenarbeit sowie der öffentlich-privaten Sicherheitszusammenarbeit mit der Wirtschaft. Verkannt wird auch, dass die Prozesse der ressortgemeinsamen Lagedarstellung und -bewertung sowie des Austauschs mit nicht-staatlichen Akteuren kaum definiert sind.

Über die Prozessebene und das Zusammenführen vorhandener Erkenntnisse und Bewertungen zu spezifischen Themen könnte aber die gesamtstaatliche Zusammenarbeit zur Lagedarstellung und -bewertung langsam aufwachsen. Entscheidend ist dabei, dass moderne Kollaborationswerkzeuge einen wichtigen technischen Beitrag leisten, um diesen Austausch auch unabhängig von der Frage zu beantworten, in welchem Ressort bzw. welcher Behörde ein Arbeitsstab für die Lagebearbeitung errichtet wird. Wichtig ist allerdings, dass für die entsprechenden Funktionen Kapazitäten bereitgestellt werden, auch wenn es zu Beginn nur darum geht, Beiträge zum gesamtstaatlichen Lagebild in bestehenden Pflichtenheften bzw. Arbeitsplatzbeschreibungen festzulegen. Über die Teilhabe an einem umfassenden Lageverbund – so unsere Erfahrung – werden die beteiligten Akteure feststellen, welcher Mehrwert aus der gemeinsamen Lagedarstellung und -bewertung resultiert – darauf können konkrete Ansätze zur stärkeren Institutionalisierung des Lagebildprozesses in einer nächsten Ausbaustufe aufbauen.

Literatur

Arvis, J. F., et al. (2012). *Connecting to compete 2012. Trade logistics in the global economy.* Washington, D.C.: Worldbank.
Barnet, G. (2012). *Die Auswirkung der Leitbegriffe Vernetzte Sicherheit und Comprehensive Approach auf sicherheitspolitische Prozesse sowie insbesondere die Streitkräfteentwicklung des Österreichischen Bundesheeres.* Diplomarbeit. Wien: Universität Wien.
Bittner, J., et al. (2011). Strategiefähigkeit in der deutschen Außenpolitik. *Policy Brief* (7/11). Berlin: Stiftung neue Verantwortung.
Borchert, H. (2004). Vernetzte Sicherheitspolitik und die Transformation des Sicherheitssektors. Weshalb neue Sicherheitsrisiken ein verändertes Sicherheitsmanagement erfordern. In ders. (Hrsg.), *Vernetzte Sicherheit. Leitidee der Sicherheitspolitik um 21. Jahrhundert* (S. 53–79). Hamburg: Verlag E.S. Mittler & Sohn.
Borchert, H. (2012, 15. Feb.). Von den Chinesen lernen. *Neue Zürcher Zeitung, 21.*
Bundesministerium der Verteidigung. (2006). *Weißbuch zur Sicherheitspolitik Deutschlands und zur Zukunft der Bundeswehr.* Berlin: Bundesministerium der Verteidigung.
Bundesministerium der Verteidigung. (2011). *Verteidigungspolitische Richtlinien: Nationale Interessen wahren – Internationale Verantwortung übernehmen – Sicherheit gemeinsam gestalten.* Berlin: Bundesministerium der Verteidigung.
Bundesregierung. (2009). *Brücken bauen für den Frieden.* http://www.bundesregierung.de/statisch/ nato/Content/DE/Artikel/2009/04/2009-04-03-nato-ankuendigung_layoutVariant-Druckansicht.html. Zugegriffen: 16. Juli 2012.

Buiter, W., & Rahbari, E. (2011). *Trade transformed. The emerging new corridors of trade power.* New York: Citi.

Daase, Ch., & Junk, J. (2012). Netzwerke der Sicherheit. Überlegungen zum Umbau demokratischer Sicherheitspolitik. *Sicherheit + Frieden, 30*(2), 94–100.

Department of Defense. (2012). *Joint Operational Access Concept (JOAC).* Washington, D.C.: Department of Defense.

Jaberg, S. (2009). *Vernetzte Sicherheit? Phänomenologische Rekonstruktion und kritische Reflexion eines Zentralbegriffs im Weißbuch 2006.* Hamburg: Führungsakademie der Bundeswehr.

Major, C., & Schöndorf, E. (2011). *Umfassende Ansätze, vernetzte Sicherheit: Komplexe Krisen erfordern effektive Koordination und politische Führung.* Berlin: Stiftung Wissenschaft und Politik.

Ministry of Defence. (2010). *Future character of conflict.* Shrivenham: Development, Concepts and Doctrine Centre. http://www.mod.uk/DefenceInternet/MicroSite/DCDC/OurPublications/Concepts/FutureCharacterOfConflict.htm. Zugegriffen: 12. Juli 2012.

Münch, Ph. (2011). *Strategielos in Afghanistan. Die Operationsführung der Bundeswehr im Rahmen der Internationalen Security Assistance Force.* Berlin: Stiftung Wissenschaft und Politik.

Sandawi, S. (2011). Cyber Weapons 2.0. Soziale Medien als Plattform von Desinformationskampagnen. *Public Security,* (1), 18–19.

Raschke, J., & Tils, R. (2011). *Politik braucht Strategie – Taktik hat sie genug.* Frankfurt: Campus.

Schrader-Tischler, D., et al. (2011). *Nachhaltiges Regieren in der OECD – Wie zukunftsfähig ist Deutschland? Sustainable Governance Indicators 2011.* Wiesbaden: Bertelsmann Stiftung. http://www.bertelsmann-stiftung.de/bst/de/media/xcms_bst_dms_33521_33522_2.pdf. Zugegriffen: 12. Juli 2012.

Stegmaier, P., & Feltes, Th. (2007). Vernetzung als neuer Effektivitätsmythos für innere Sicherheit. *Aus Politik und Zeitgeschichte, 12,* 18–25.

VENRO. (2012). *Konturlos und unbrauchbar – Das Konzept der vernetzten Sicherheit aus Perspektive von Nichtregierungsorganisationen.* Berlin: VENRO. http://www.venro.org/fileadmin/redaktion/Newsletter_Bilder/Newsletter_Dokumente/VENRO-Standpunkt-Vernetzte-Sicherheit.pdf. Zugegriffen: 14. Juli 2014.

Zapfe, M. (2011). *Sicherheitskultur und Strategiefähigkeit. Die ressortgemeinsame Kooperation der Bundesrepublik Deutschland für Afghanistan.* Dissertation. Konstanz: Universität Konstanz.

Akteur oder Zuschauer? Was Vernetzte Sicherheit für den Deutschen Bundestag bedeutet. Ein Erfahrungsbericht

Winfried Nachtwei

Zusammenfassung: Der Autor schildert seine Erfahrungen mit vernetztem Handeln in der internationalen Sicherheitspolitik auf Seiten der Exekutive und Legislative. Während die Handlungsmaxime des Zusammenwirkens mit den komplexen Kriseneinsätzen der 90er Jahre unabweisbar wurde, ist der seit 2006 in Deutschland regierungsoffizielle Begriff der Vernetzten Sicherheit v. a. aus Sicht zivilgesellschaftlicher Akteure strittig und insgesamt viel mehr Anspruch als Wirklichkeit. Vor dem Hintergrund vieler Vorstöße zu mehr Kooperation, ihrer Triebkräfte und Hemmnisse entwickelt der Autor konkrete Vorschläge, wo und wie Vernetzung und Kohärenz sinnvoll und wirksam werden sollten.

Schlüsselwörter: Bundestag · Kommunikation · Sicherheitspolitische *Strategic Review* · Wirkungsorientierung

Player or Spectator? Networked Security and the Role of the German Bundestag. A Personal Field Report

Abstract: The author portrays his experience with networked/interlinked action in the field of international security politics from a governmental and legislative point of view. Intensified cooperation became an irrefutable guiding principle for the increasingly complex crisis interventions during the pre-millennium years. But the concept of Networked Security, which the German government introduced in 2006, is still contested among NGOs. Overall, critics claim that the concept is more rhetoric than substance. Against this background the author discusses several attempts that have been launched to advance cooperation, looks at drivers and obstacles of inter-agency cooperation, and submits concrete proposals to reasonably advance the principle of Networked Security in practice.

Keywords: Communication · German parliament · Strategic security review · Value for money

---

© VS Verlag für Sozialwissenschaften 2012

Winfried Nachtwei ist Ko-Vorsitzender des Beirats Zivile Krisenprävention beim AA, Mitglied im Beirat für Fragen der Inneren Führung beim BMVg, Mitglied im Vorstand der Deutschen Gesellschaft für die Vereinten Nationen (DGVN), des Vereins „Gegen Vergessen – Für Demokratie" und von „Lachen Helfen"

W. Nachtwei, MdB a.D. (✉)
Nordhornstraße 51, 48161 Münster, Deutschland
E-Mail: winfried@nachtwei.de

Mit dem umfassenden Ansatz in der Friedens- und Sicherheitspolitik habe ich seit Beginn meiner Arbeit im Bundestag 1994 zu tun – im Verteidigungsausschuss, beim Querschnittthema Zivile Krisenprävention, draußen in den Krisenregionen und Einsatzgebieten. Bei meinen ca. 40 Besuchen auf dem Balkan, in Afghanistan, der Demokratischen Republik Kongo und anderswo hatte ich ständig die verschiedenen Akteure im Blick und suchte sie immer auf. So sehr mir an Kohärenzförderung lag, so sehr war mir bewusst, dass die Übereinstimmung, zumindest die Verträglichkeit wesentlicher Ziele und Normen notwendige Voraussetzung eines Zusammenwirkens sind.

Seit meinem Ausstieg aus der Tagespolitik ist es für mich ein Schwerpunktthema geblieben (z. B. im Beirat Zivile Krisenprävention beim Auswärtigen Amt und im Vorstand der Deutschen Gesellschaft für die Vereinten Nationen) und Dauerthema bei Vorträgen. Im Folgenden orientiere ich mich überwiegend an den Leitfragen des Einleitungskapitels der Herausgeber des vorliegenden Sammelbandes. Trotz aller Wechselbeziehungen und Überschneidungen von äußerer und innerer Sicherheit beschränke ich mich auf mein Erfahrungsfeld der äußeren und internationalen Sicherheit.

1 Die grundsätzliche Bedeutung des Prinzips der Vernetzten Sicherheit für den Bundestages

Der Ansatz der umfassenden und Vernetzten Sicherheit hatte für den Bundestag in den letzten Jahren je nach inhaltlicher Interpretation und Fraktion einen sehr unterschiedlichen Stellenwert.

1.1 Seit dem Weißbuch von 2006

In der Koalitionsvereinbarung 2009 bekannten sich Union und FDP mehrfach und deutlich zum Ansatz Vernetzter Sicherheit. Der 3. Umsetzungsbericht der Bundesregierung zum Aktionsplan „Zivile Krisenprävention, Konfliktlösung und Friedenskonsolidierung" vom Juni 2010 übernahm dieses Bekenntnis und verstärkte es (Bundesregierung 2010, S. 6). Die Verteidigungspolitischen Richtlinien vom Mai 2011 verwenden wohl nicht explizit den Begriff Vernetzte Sicherheit, sprechen aber – enger und präziser – von „gesamtstaatlicher, umfassender und abgestimmter Sicherheitspolitik" und „ressortgemeinsamem" Handeln. (Bundesministerium der Verteidigung 2011, S. 6).

In der Vorgängerkoalition von Union und SPD (2005–2009) sprach demgegenüber fast nur Verteidigungsminister Jung von Vernetzter Sicherheit. In seinen Reden wurde Vernetzte Sicherheit zum zentralen Ansatz deutscher Sicherheitspolitik, zu einem regelrechten Mantra. Befördert wurde der Eindruck, dass Vernetzte Sicherheit von der Bundesregierung erfunden, in der NATO durchgesetzt worden und geradezu der Lösungsweg in Afghanistan sei. Während die Bundeskanzlerin in Redepassagen zur Sicherheitspolitik immer auch den Ansatz Vernetzter Sicherheit betonte, wurde der Begriff von Außenminister Steinmeier und Entwicklungsministerin Wieczorek-Zeul auffällig beschwiegen. Für sie und ihre Häuser schien der Begriff kaum existent.

Das schien sich mit Beginn der jetzigen Legislaturperiode zu ändern, als die Obleute des Auswärtigen Ausschusses die Einrichtung eines Unterausschusses „Zivile Krisenprävention und Vernetzte Sicherheit" beschlossen. Ausschlaggebend waren dafür zunächst aber v. a. taktische Motive. Die Antragsteller der Grünen spekulierten, bei den neuen Koalitionären einen Unterausschuss zur – rot-grün geprägten – Zivilen Krisenprävention nur in Verbindung mit der Vernetzten Sicherheit durchsetzen zu können.

Am häufigsten taucht der Begriff der Vernetzten Sicherheit im Bundestag im Rahmen verteidigungspolitischer und Afghanistan-Debatten auf – allerdings meist nur als Schlagwort, nie als ausführlicher erörtertes Thema. Unübersehbar sind die unterschiedlichen Präferenzen der Fraktionen: Während Union und FDP als Fürsprecher Vernetzter Sicherheit auftreten, lehnt die Linke ihn kategorisch ab. SPD und Grüne behandeln den Begriff inzwischen vermehrt mit Skepsis. Wo viele zivilgesellschaftliche Akteure Vernetzte Sicherheit als Ausdruck einer „Versicherheitlichung" humanitärer Hilfe und Entwicklungspolitik auf Kosten menschlicher Sicherheit bewerten, ist dieser Ansatz in Teilen der Fachöffentlichkeit wie kontaminiert.

1.2 Der Grundgedanke des Zusammenwirkens

Ein sehr anderes Bild ergibt sich, wenn man sich von dem Begriff einer Vernetzten Sicherheit löst, der mit dem Weißbuch von 2006 vom Verteidigungsministerium (BMVg) in die Welt gebracht zu sein scheint. Der Grundgedanke und die Handlungsmaxime eines umfassenden und vernetzten Ansatzes, von Koordination und Kohärenz reichen in Wirklichkeit weit über das Weißbuch zurück und wurden längst nicht nur dort thematisiert (vgl. auch die ähnlichen Begriffe *Comprehensive Approach, Whole of Government Approach,* 3-D-Ansatz).

Ausgangspunkt war und ist die Komplexität, die Themen- und Akteursvielfalt des neueren, erweiterten Verständnisses von Sicherheit nach Ende des Ost-West-Konfliktes. Angesichts dieser Multidimensionalität der Herausforderungen lag der verstärkte Bedarf an Koordination, Kooperation und Kohärenz, an bestmöglichem Zusammenwirken unterschiedlicher Fähigkeiten auf der Hand.

In den Krisen und Kriegen auf dem Balkan in den 90er Jahren wuchs bei den internationalen Akteuren die Einsicht:

- in die eigenen Grenzen – keiner schafft es allein;
- in die Notwendigkeit der anderen;
- in die begrenzte Fähigkeit von Militär, das Konflikte nicht lösen, aber unter bestimmten Bedingungen Voraussetzungen für politische Konfliktlösung schaffen kann.

Im Rahmen der Parlamentsbeteiligung ist der Bundestag seit Mitte der 90er Jahre zusammen mit der Bundesregierung Auftraggeber von Auslandseinsätzen der Bundeswehr. Vor diesem Hintergrund bestand im Bundestag die selbstverständliche Erwartung, dass alle staatlichen Akteure für die Ziele Gewaltverhütung, Schutz vor illegaler Gewalt und Friedensförderung zusammenzuwirken haben. Bei den Balkaneinsätzen wurde aber auch deutlich, wie schwach und wenig verfügbar bisher zivile Kräfte der Krisenbewältigung waren.

Durch die Initiative einzelner Abgeordneter kam 1998 mit dem ersten rot-grünen Koalitionsvertrag die Stärkung dieser zivilen Fähigkeiten auf die politische Tagesordnung: das Training und die Rekrutierung von Zivilpersonal für internationale Friedensmissionen durch das Zentrum Internationale Friedenseinsätze (ZIF) und der Zivile Friedensdienst zur Unterstützung gesellschaftliche Friedenspotenziale. Nach dem Gesamtkonzept „Zivile Krisenprävention, Konfliktlösung und Friedenskonsolidierung" der Bundesregierung vom 7. April 2000 votierte der umfassende rot-grüne Antrag zur „Zivilen Krisenprävention" vom 7. Juli 2000 für neue Formen der Zusammenarbeit zwischen staatlichen, nichtstaatlichen und zwischenstaatlichen Akteuren. 2001 entstand die „Arbeitsgemeinschaft Frieden und Entwicklung" (FriEnt) als ein Zusammenschluss staatlicher Organisationen (BMZ, GTZ, später ZIF), kirchlicher Hilfswerke, zivilgesellschaftlicher Netzwerke und politischer Stiftungen. Als Vernetzungs- und Lernplattform arbeitet FriEnt zu zentralen Herausforderungen an den Schnittstellen von Frieden, Entwicklung und Sicherheit.

Auf globaler Ebene trat nach der *Agenda for Peace* von 1992 der insbesondere vom VN-Sicherheitsrat gebilligte „Brahimi-Report" von 2000 für ein verbessertes Zusammenwirken bei der internationalen Friedenssicherung ein. Als zentrale Lehren aus den UN-*Peacekeeping*-Einsätzen der 90er Jahre forderte er klare und erfüllbare Mandate, integrierte Arbeitseinheiten für Planung und Vorbereitung im Sekretariat, integrierte *Mission Task Forces* für alle Einsätze, gemeinsame Lagebilder. Regelmäßig fordert der VN-Sicherheitsrat in seinen Einsatzmandaten die Beteiligten zur Zusammenarbeit auf.

Der 2002 in den Koalitionsverhandlungen vereinbarte und im Mai 2004 vom Bundeskabinett verabschiedete „Aktionsplan Zivile Krisenprävention, Konfliktlösung und Friedenskonsolidierung" konstatierte: „Krisenprävention erfordert ein kohärentes und koordiniertes Handeln aller beteiligten staatlichen und nichtstaatlichen Akteure. Nur durch die Verzahnung der verschiedenen Politikbereiche können Maßnahmen (...) Effizienz und Nachhaltigkeit gewinnen" (Bundesregierung 2004, S. 6). Zu Recht hieß es im 2. Umsetzungsbericht von 2008 über den Aktionsplan, erstmals sei mit ihm „der Gedanke eines ressortübergreifenden, kohärenten und die Zivilgesellschaft mit einbeziehenden Politikansatzes so deutlich herausgearbeitet und operationalisiert worden" (Bundesregierung 2004, S. 3). So sehr der Aktionsplan in der Fachöffentlichkeit – auch international – Anerkennung fand, so wenig wurde er in den Folgejahren im Parlament diskutiert. Erstmalig (!) stand er am 15. Dezember 2006 zusammen mit dem 1. Umsetzungsbericht auf der Tagesordnung des Bundestages, als letzter Punkt vor Beginn der Weihnachtspause.

Die Stiftung Wissenschaft und Politik (SWP) lud im April 2008 Außen- und Sicherheitspolitiker des Bundestages zu einem Kolloquium über die „Rolle des Bundestages im Konzept der Vernetzten Sicherheit" ein. Deutlich erinnere ich mich an die Feststellung eines anwesenden Generals, der Ansatz sei wohl in aller Munde, in den Gremien der Exekutive über die Ressortgrenzen hinaus aber nicht implementiert. Das Ressortprinzip werde als Verfassungsgrundsatz entgegengehalten. Hoffnung setze er allein auf den Bundestag.

2 Umsetzung des Anspruches von Vernetzung und Kooperation auf Seiten der Exekutive

2.1 Konzeptionelle Ebene

Ein großer konzeptioneller Schritt war der Aktionsplan von 2004. Als strategische Ansatzpunkte nannte er:

- Herstellung verlässlicher staatlicher Strukturen (Rechtsstaatlichkeit, Demokratie, Menschenrechte und Sicherheit)
- Schaffung von Friedenspotenzialen in der Zivilgesellschaft, bei den Medien sowie in Kultur und Bildung
- Sicherung der Lebenschancen der Menschen in Krisenregionen durch Maßnahmen auf den Gebieten Wirtschaft, Gesellschaft und Umwelt.

Danach geschahen konzeptionelle Schritte zur Förderung von Vernetzung und Kohärenz eher vereinzelt und zögerlich.

Im Oktober 2006 legte eine vom Ressortkreis „Zivile Krisenprävention" eingerichtete Arbeitsgruppe das „Interministerielle Rahmenkonzept zur Unterstützung der Reform des Sicherheitssektors in Entwicklungs- und Transformationsländern" vor. Ein dreidimensionales Verständnis von äußerer, innerer und menschlicher Sicherheit war hier die Ausgangsbasis. Darüber hinaus wurde aber lange versäumt, zu den strategischen Ansatzpunkten ressortübergreifende Teilkonzepte zu entwickeln. Offen blieb, was sinnvoll von außen zur Förderung von Staatlichkeit geleistet werden kann, ohne dabei einer Illusion *Statebuilding* zu verfallen.

Es brauchte bis März 2012, dass die Planungsstäbe von AA, BMZ und BMVg ressortübergreifende Leitlinien „Für eine kohärente Politik der Bundesregierung gegenüber fragilen Staaten" vorlegten. Bezugnehmend auf den Weltentwicklungsbericht der Weltbank von 2011 und den im Dezember 2011 in Busan verabschiedeten „*New Deal on International Engagement in fragile states*" sind die Leitlinien geprägt von realistischem Pragmatismus: Staatenbildung wird wahrgenommen als langfristiger und v. a. endogener Prozess, den externe Akteure unterstützen, aber nicht „machen" können. Unverständlich ist die Nichtbeteiligung des BMI an der Leitlinienerarbeitung. Eine Arbeitsgruppe des Beirats Zivile „Krisenprävention" will die Leitlinien operationalisieren.

Das Weißbuch des BMVg von 2006 widmete der Vernetzten Sicherheit erstmalig einen Abschnitt. Ausgehend von der Feststellung, dass Sicherheit „weder national noch allein durch Streitkräfte gewährleistet werden" kann, beschrieb das Weißbuch Vernetzte Sicherheit als einen „umfassenden Ansatz, der nur in vernetzten sicherheitspolitischen Strukturen sowie im Bewusstsein eines umfassenden gesamtstaatlichen und globalen Sicherheitsverständnisses zu entwickeln ist" (Bundesministerium der Verteidigung 2006, S. 24). Als Beispiele von vernetzten Strukturen werden genannt die Erstellung eines nationalen Lagebildes, das Krisenreaktionszentrum des AA, das Nationale Lage- und Führungszentrum Sicherheit im Luftraum, das Gemeinsame Terrorismusabwehrzentrum sowie der Ressortkreis Zivile Krisenprävention, Konfliktlösung und Friedenskonsolidierung. Die Weißbuch-Beschreibung von Vernetzter Sicherheit beschränkte sich auf die instrumentelle Ebene und ließ die entscheidenden Fragen nach dem Wofür, nach gemeinsamen, sich ergänzenden wie auch zuwiderlaufenden Zielen der beteiligten Akteure unterhalb eines allgemein-abstrakten Zielkonsens undiskutiert. Die Vagheit des Ansatzes öffnete gegensätzlichen Interpretationen Tür und Tor: Von Regierungsseite das Verständnis einer selbstverständlichen und problemlosen Vernetzung und zivil-militärischen Zusammenarbeit, auf Seiten vieler zivilgesellschaftlicher Akteure der Vorwurf der Instrumentalisierung für kurzfristige Sicherheitsinteressen und Militäreinsätze. Vor dem Hintergrund des eskalierenden Afghanistaneinsatzes verengte sich der politische Streit um den Vernetzte Ansatz oft auf einen Dualismus Militär vs. Hilfsorganisationen bzw. Nichtregierungsorganisationen (NROs), wo die anderen Akteure (z. B. Polizei, Durchführungsorganisationen) und Dimensionen (z. B. zivil-zivil) kaum noch Beachtung fanden.

Von erheblicher Relevanz für die Fortentwicklung des umfassenden und vernetzten Ansatzes, für die Öffentlichkeit aber kaum zugänglich, sind die Entwürfe „Konzeptionelle Grundvorstellungen zum militärischen Beitrag zur Herstellung von Sicherheit und staatlicher Ordnung in Krisengebieten" (KGvCOIN) des Generalinspekteurs vom 7. Juni 2010 sowie „Positionspapier des BMVg zum Thema Vernetzte Sicherheit – Beiträge der Bundeswehr zum gemeinsamen Handeln für die Sicherheit" von 2011.

In der aktuellen Bundeswehrreform wird der Anspruch umfassender und vernetzter Sicherheit nur rhetorisch erwähnt, faktisch aber ausgeblendet. Die Minister zu Guttenberg und de Maizière gingen die „Neuausrichtung" ausschließlich als Ressortangelegenheit, als Insellösung an. Gemeinsame Planung und Zielabstimmung, Lage- und Wirkungsanalyse, ausgewogene Fähigkeiten und Kapazitäten? Schnelle Verfügbarkeit auch von polizeilichen und zivilen Kräften, damit die Bundeswehr nicht bei jedem Kriseneinsatz wieder in die Verfügbarkeitsfalle gerät? Keine Rede davon. Im Ergebnis kann eine solche Ressortreform effizientere Strukturen und Verfahren in der Bundeswehr schaffen. Eine wirksamere Sicherheitspolitik wird damit aber noch längst nicht erreicht.

2.2 Organisatorische Ebene

Im Kontext des Aktionsplans Zivile Krisenprävention wurden mehrere Foren und Formate zur Vernetzung und Kohärenzförderung gebildet, insbesondere der Ressortkreis Zivile Krisenprävention sowie der ihm zugeordnete zivilgesellschaftliche Beirat. Mangels ausreichender personeller und finanzieller Ressourcen und fehlender Steuerungskompetenz verharrte der Ressortkreis weitgehend auf der Ebene des Informationsaustausches.

„Eine neue Qualität erreichte die Zusammenarbeit zwischen den Ressorts durch die Bereitstellung von bis zu 10 Mio. € aus dem Haushalt des BMVg für Projekte des Ressortkreises im Zeitraum 2006 bis 2008" (Bundesregierung 2008, S. 4). Die Gelder wurden Startgelder für die *Provincial Development Funds* in den Provinzen Kunduz, Takhar und Badakhshan, bei denen eine neue, deutsch-afghanische und ressortübergreifende Zusammenarbeit praktiziert wurde.[1]

Im März 2007 richtete der Ressortkreis eine Arbeitsgruppe „Vernetzung in der Krisenprävention" ein. Aufgabe der AG war, bisherige Erfahrungen des deutschen Engagements in der Konfliktbewältigung und Friedenskonsolidierung aufzuarbeiten und daraus Empfehlungen zu entwickeln. Angeregt wurden eine verbesserte Ressortzusammenarbeit bei Information und Analyse zu Präventionsmaßnahmen in Krisenregionen, eine strukturierte Auswertung der Erfahrungen in internationalen Friedens- und *Statebuilding*-Engagements im Rahmen bestehender Mechanismen und eine verbesserte Zusammenarbeit bei der einsatzvorbereitenden Ausbildung (Bundesregierung 2008, S. 48). Die AG „Vernet-

---

1 Die 10 Mio. € wurden im Kontext eines rot-grünen Koalitionsstreits um das Waffensystem MEADS erstritten. Bei einem Afghanistanbesuch erfuhr der Autor, dass diese Gelder intern „Nachtwei-Millionen" hießen.

zung" soll nach 2008 nicht mehr zusammengetreten sein. Ihre Ergebnisse wurden nicht öffentlich zugänglich.

Im Jahr 2011 legte die ressortübergreifend zusammengesetzte AG „Vernetzte Sicherheit" des ZIF zwei *Policy Briefings* zum Thema vor, im November die Ergebnisse einer Umfrage aus deutschen Ressorts (Wittkowsky und Meierjohann 2011a; Wittkowsky et al. 2011b). Die Bewertungen des realen vernetzten Handels waren sehr gegensätzlich, insgesamt aber überwiegend kritisch. Vernetzung wurde zum allergrößten Teil in der Ressortdimension des *Whole of Government*-Ansatzes gesehen.

Zur Planung und Führung der deutschen Beiträge zum internationalen Afghanistaneinsatz entstanden auf verschiedenen Ebenen Abstimmungs- und Koordinationsmechanismen: ein regelmäßiges Staatssekretärstreffen zur politischen Steuerung, auf der Arbeitsebene wöchentliche Videokonferenzen und andere Formen der Ressortbesprechungen. In den *Provincial Reconstruction Teams* (PRT) arbeiteten unter einer militärischen und zivilen Doppelspitze die Vertreter der vier Ressorts Auswärtiges Amt (AA), Bundesministerium der Verteidigung (BMVg), Bundesministerium für wirtschaftliche Zusammenarbeit und Entwicklung (BMZ) und das Bundesministerium des Innern (BMI) zusammen. Laut Selbsteinschätzung der Bundesregierung ist die Ressortzusammenarbeit in dieser Form präzedenzlos (Bundesregierung 2008, S. 6). Die PRT gelten ihr als Modelle des vernetzten Ansatzes. Insider konstatieren Fortschritte über die Jahre, beklagen aber zugleich eine erhebliche Kluft zwischen Rhetorik und Praxis. Verschwiegen wurde immer wieder, wie quantitativ unausgewogen die Personalansätze der verschiedenen Ressorts vor Ort waren und dass eine Evaluierung der Ressortzusammenarbeit in den deutschen PRT gestoppt worden war (Nachtwei 2011, S. 39–41). Im Jahr 2009 führte das AA erstmalig für Führungspersonal des Afghanistaneinsatzes ein ressortgemeinsames Vorbereitungsseminar durch. Das Echo war einhellig gut.

Als Foren von Vernetzung und Kooperationsförderung wirken seit Jahren die Bundesakademie für Sicherheitspolitik (BAKS), das Zentrum für Internationale Friedenseinsätze (ZIF), die Stiftung Wissenschaft und Politik (SWP), das VN-Ausbildungszentrum der Bundeswehr in Hammelburg, die Führungsakademie der Bundeswehr in Hamburg, Ausbildungsstätten der Polizeien und die Akademie für Krisenmanagement, Notfallplanung und Zivilschutz (AKNZ). Hier wächst zumindest auf der Arbeitsebene eine Kultur der Zusammenarbeit. Von zivilgesellschaftlicher Seite leisten z. B. die Evangelischen Akademien in Loccum und Bad Boll Beiträge zum ressort- und akteursübergreifenden Austausch.

Im 2. Umsetzungsbericht zum Aktionsplan Zivile Krisenprävention (Bundesregierung 2008, S. 57) wurde die Durchführung eines „Nationalen Planspiels" angekündigt. In der Übung für zivile und militärische Führungskräfte sollte ein „gemeinsames Verständnis ressortübergreifender und funktional vernetzter Zusammenarbeit im Rahmen der Zielsetzungen des Aktionsplans" entwickelt sowie „mögliche und notwendige ressortübergreifende Zusammenarbeit auf den Ebenen politischer Konzeption, politisch-strategischer Führungsebenen und operativer Durchführungsebenen" identifiziert werden. Über wechselnde Federführungen und einige Vorarbeiten hinaus kam das „Nationale Planspiel" bis heute nicht zustande.

Ausgesprochen erfolgreich bei dem Bemühen, den umfassenden und vernetzten Ansatz zu üben, war demgegenüber das 1. Deutsch-Niederländische Korps in Münster.

Angespornt von seinem niederländischen Kommandierenden General, dem Balkan- und Afghanistan-erfahrenen Generalleutnant Ton van Loon, ergriff das Korps seit 2010 verstärkt entsprechende Initiativen, die von ihm im vorliegenden Band besprochen werden. Bisheriger Höhepunkt war nach einer zehnmonatigen Projektierungsphase die zivil-militärische Übung COMMON EFFORT am 19.–22. September 2011 in Münster. Während das niederländische Außenministerium mit 20 Diplomaten zu der Übung entsandte, war das deutsche AA nur mit zwei Diplomaten vertreten. Angesichts des besonderen Stellenwerts der deutschen und niederländischen Parlamente bei Kriseneinsätzen wären Beobachter aus dem parlamentarischen Raum besonders sinnvoll gewesen. Bedauerlicherweise wurden keine gesichtet.

Einen organisatorischen Fortschritt zu mehr Ressortgemeinsamkeit signalisieren die ressortübergreifenden Leitlinien „fragile Staaten" mit ihrer Empfehlung, bei krisenhaften Entwicklungen länder- oder regionsspezifische, ressortübergreifende *Task Forces* zu bilden. Ihre Aufgaben sind u. a.: frühzeitige Lage- und Machtstrukturanalyse, Festlegung klarer Ziele und Kriterien für deutsches Engagement (*Benchmarking*), Abstimmung der Ressortbeiträge und des ressortgemeinsamen Vorgehens, internationale Abstimmung.

3 Realität von Vernetzung und Kooperation auf Seiten des Bundestages

Der Bundestag nimmt hier eine Mehrfachrolle ein: als Gesetz-, Auftrag-, Geldgeber, als Kontrolleur der Exekutive, als Forum von Debatten und Initiativen, schließlich in Bezug auf die eigene Arbeitsorganisation.

3.1 Gegenüber der Exekutive

Über die oben genannten Initiativen im Kontext der Zivilen Krisenprävention hinaus wurden etliche weitere Vorschläge in den Bundestag eingebracht – die meisten allerdings ohne Erfolg. Angesichts der konzeptionellen Schwächephasen der Exekutive wirkte der Bundestag kaum als Korrektiv.

Seit 2000 drängte ich z. B. für meine Fraktion auf eine ressortübergreifende Auswertung des Kosovo-Luftkrieges, dann auf eine Bilanzierung der Auslandseinsätze, ab 2006 auf eine umfassende Evaluierung des Afghanistaneinsatzes. Eine Gesamtauswertung der Auslandseinsätze erfolgte bis heute nicht. Im Auftrag des BMZ führten wohl Wissenschaftler der FU Berlin seit Ende 2006 in Nordostafghanistan seriöse Wirkungsuntersuchungen durch. Aber erst im Dezember 2010 veröffentliche die Bundesregierung mit ihrem „Fortschrittsbericht Afghanistan" erstmalig eine umfassende, ressortübergreifende Bestandsaufnahme.

Im November 2005 riefen die SPD-Abgeordneten Markus Meckel und Andreas Weigel zu Beginn der Großen Koalition zur Bildung einer Enquete-Kommission zur Reform der Sicherheitspolitik auf. Angesichts der bisherigen Dominanz von Ressortegoismen sollten die sicherheitspolitischen Strukturen in Exekutive und Legislative kritisch überprüft und eine ressortübergreifende nationale Sicherheitskonzeption entwickelt werden.

Im Mai 2008 startete die Unionsfraktion mit ihrem „Entwurf für eine Sicherheitsstrategie für Deutschland" einen umfassenden Vorstoß: „Um ein kohärentes Zusammenwirken aller Kräfte der inneren und äußeren Sicherheit zu gewährleisten, ist ein Nationaler Sicherheitsrat als politisches Analyse-, Koordinations- und Entscheidungsgremium einzurichten". Wahrend die Initiative bei einem Fachgespräch der Fraktion am 7. Mai 2008 auch von externen Fachleuten gelobt wurde, fand sie beim Koalitionspartner SPD in der Öffentlichkeit einer Aktuellen Stunde des Bundestages am selben Tag schärfste Ablehnung. Auch wenn diese sich v. a. an der Forderung nach erweiterten Einsatzbefugnissen der Bundeswehr im Innern festmachte – das Thema ressortübergreifender Führungsstrukturen in der Bundesregierung war damit für geraume Zeit „verbrannt".

Eine „integrierte Friedens- und Sicherheitsstrategie" sowie „ressortübergreifende Teilkonzepte zu den Schlüsselfeldern Primärprävention, *Statebuilding*, Rechtsstaatsförderung, Sicherheitssektorreform" forderten die Grünen in ihrem Antrag „Zivile Krisenprävention und Friedensförderung brauchen einen neuen Schub" (Drs. 16/13392) vom Juni 2009. Ressortübergreifende Strukturvorschläge bezogen sich auf ein Krisenfrühwarnnetz, gemeinsame *Task Forces* zu deutschen Schwerpunktengagements, gemeinsame Finanzierungsinstrumente, Wirkungsanalysen und Datenbanken. Im Jahr 2011 forderte die SPD eine „kohärente Strategie für die zivile Krisenprävention" (17/4532 vom 25. Januar 2011), die Grünen erneut die Entwicklung einer „ressortübergreifenden Friedens- und Sicherheitsstrategie" (17/6351 vom 29. Juni 2011). Überwiegend versandeten solche Forderungen. Anträge der Opposition werden im Bundestag unabhängig von ihrem Inhalt i. d. R. abgelehnt. Das ist eine überkommene, nichtsdestoweniger innovationsfeindliche Verhaltensregel von Koalitionen.

3.2 Im Arbeitsalltag des Parlaments

Der Bundestag ist mit seinen Fraktionen und Abgeordneten im Vergleich zu den Ressorts der Exekutive von vorneherein stärker auf Vernetzung und Kooperationen, auf Offenheit angelegt. Schon Fachpolitiker können sich nicht mit ihrer Spezialisierung begnügen. Im Wahlkreis, in Fraktion und Plenum, nicht zuletzt im Wahlkampf sind Abgeordnete ein Stück weit immer auch mit ressortübergreifender Kompetenz gefordert. In den Prozessen von Meinungsbildung und Entscheidung ist die multipolare Kommunikation mit verschiedensten staatlichen und nichtstaatlichen Akteuren alltägliche Praxis.

Ressortübergreifende Wahrnehmung und Vernetzung wird am ehesten im Rahmen der Fraktionen realisiert, bei den Grünen im Arbeitskreis (AK) IV „Internationale Politik und Menschenrechte", zuständig für die Ausschüsse Auswärtiges, Verteidigung, Entwicklung, Europa und Menschenrechte. Oberhalb eines AK stößt der umfassende Ansatz aber schnell an seine Grenzen. Besonders deutlich war das beim Thema internationale Polizeimissionen, auch bei anderen Fraktionen: Verteidigungspolitiker interessierten sich am frühesten für die Polizisten in Friedensmissionen. Sie wussten über ihre Schlüsselrolle bei der Förderung nachhaltiger Sicherheit. Für den Innenausschuss hingegen waren internationale Polizeimissionen lange kein Thema – oder wurden primär unter innenpolitischer Perspektive diskutiert. Als die deutsche Polizeihilfe für Afghanistan am 9. November 2007 erstmalig (!) im Bundestag debattiert wurde, bestanden die Dissense weniger zwischen den Fraktionen, sondern primär zwischen den Außen- und Sicherheitspolitikern einerseits und den Innenpolitikern andererseits.

Einen Fortschritt an Ressortgemeinsamkeit etablierten mehrere Fraktionen mit der Bildung interner Afghanistan-*Task Forces*.

Bei den Beratungen von Auswärtigem und Verteidigungsausschuss ist bei den Dauerthemen Einsatzgebiete und internationale Sicherheitspolitik ständig das jeweils andere Ministerium vertreten. BMZ und BMI kommen sporadisch auf Einladung hinzu. Die wöchentlichen, vom Einsatzführungsstab im BMVg herausgegebenen „Unterrichtungen des Parlaments" berichten seit jüngerer Zeit auch über Maßnahmen und Ereignisse aus dem Zuständigkeitsbereich anderer Ministerien. Solche Unterrichtungen sind informativ, sind aber von einer soliden Lageerfassung noch weit entfernt. Beispiel Sicherheitslage: Mit der Kategorie Sicherheitsvorfälle wird v. a. die militärische Sicherheit erfasst, nicht aber das „sichere Umfeld" für internationale Helfer, Regierungsbedienstete, Bevölkerung, um das es i. A. eines Stabilisierungseinsatzes geht. Die dementsprechende Zugänglichkeit von Distrikten in Afghanistan wird wohl von UNAMA und *Afghanistan NGO Safety Office* (ANSO) erfasst, von der Bundesregierung aber ausgeblendet.

Noch weniger kann oft in Einsatzgebieten von einem zivilen Lagebild geredet werden. Eine Gesamterfassung von Aufbau- und Entwicklungsmaßnahmen in Afghanistan gelingt bis heute nicht: Etliche PRT-Leitnationen im Norden melden Projekte an ihre Hauptstädte, aber nicht dem *Senior Civilian Representative* beim *ISAF Regional Command North*. Dasselbe gilt für manche Hilfsorganisationen.

Parlamentarierbesuche in den Einsatzgebieten erfolgten überwiegend im Rahmen der jeweiligen Ressorts mit eher kleinen Gesprächsanteilen mit anderen Ressortvertretern. Insgesamt waren und sind solche Besuche i. d. R. stark militärlastig. Begünstigt wurde das durch das dominierende Interesse von Verteidigungspolitikern an „ihren" Soldaten, den entgegenkommenden Reise- und Betreuungsmöglichkeiten der Bundeswehr und der schwachen Besuchsorganisation der anderen Ressorts.

Im parlamentarischen Beratungsverfahren ist die Vernetzung der Fachpolitiken wohl institutionalisiert durch mitberatende und federführende Ausschüsse. Faktisch dominiert aber eine Art Ressort-Separatismus, wo der eine Fachausschuss die Diskussion der anderen kaum wahrnimmt. Gerade über den Afghanistaneinsatz kristallierten sich mehrere offenkundig ressortübergreifende Themen heraus – Sicherheitssektorreform, Förderung von Staatlichkeit/State Building, Drogenbekämpfung, Zivil-Militärische Zusammenarbeit, öffentliche Kommunikation in der Sicherheitspolitik, gar Strategiebildung. Über Jahre versäumten es die Bundestagsausschüsse aber, durch gemeinsame Anhörungen hierzu eine ressortübergreifende Meinungsbildung herbeizuführen.

Bundestagsbeschlüsse zur Bundeswehrbeteiligung an internationaler Krisenbewältigung benennen nur die militärischen Aufgaben und Fähigkeiten. Seit Jahren wurden solche Mandatsbeschlüsse von Begleitanträgen flankiert, mit denen der Militäreinsatz eingebettet werden soll in verschiedene Maßnahmen politischer Konfliktlösung, von Aufbau und Entwicklung. Nüchtern ist allerdings festzustellen, dass solche richtig gemeinten Anträge eher deklamatorischen Charakter hatten, mehr der Legitimationsunterstützung dienten, als konkrete Wirkung hatten.

Der zurzeit der Großen Koalition kursierende Vorschlag eines eigenen ressortübergreifenden Einsatzausschusses drang nicht durch. Ihm wurde entgegen gehalten, dass dies eher zu einer Duplizierung von Beratungsprozessen führen würde oder Fachausschüsse, insbesondere den Verteidigungsausschuss, „entkernen" würde.

Ein bedeutender Fortschritt ist der neu gegründete Unterausschuss „Zivile Krisenprävention und vernetzte Sicherheit". Er brachte einen regelrechten Schub im Austausch zwischen verschiedenen Akteuren. Seine ungewöhnlich vielen öffentlichen Anhörungen förderten den Austausch mit der Fachöffentlichkeit. Der im Februar 2012 vorgelegte Zwischenbericht präsentiert eine ansehnliche Leistungsbilanz und formuliert Empfehlungen, die einen nie dagewesenen interfraktionellen Konsens markieren. Am 26. März 2012 erörterte der Unterausschuss – und damit der Bundestag überhaupt – erstmalig explizit und umfassend das Thema Vernetzte Sicherheit in einer öffentlichen Anhörung. Mit den erfahrungsgesättigten Stellungnahmen von Dr. Andreas Wittkowsky/ZIF (Wittkowsky 2012), Dr. Claudia Major/SWP (Major und van Goor 2012), Sid J. Peruvemba/VENRO, Dr. Winrich Kühne, Oberst i.G. Peter-Michael Sommer/Führungsakademie der Bundeswehr, Jan Hindrik van Thiel/AA besteht die große Chance, dass endlich klärende Bewegung in eine Debatte kommt, die zu lange auf der Stelle trat. Ein Handicap der öffentlichen Anhörung war, dass man – abgesehen von den exte rern – unter sich war: Weder waren Abgeordnete anderer Au Mitarbeiter anderer Ressorts noch – bis auf Dr. Johannes Schr Journalisten. Traditionell unvernetzt also!

4 Faktoren und Akteure, die Vernetzung und Kooperation fördern

Die stärksten Motive und „Treiber" sind praktische Erfahrungen aus Krisenregionen, aus der VN-Welt: Hier sind Blicke über den eigenen Tellerrand, Begegnungen mit anderen Akteuren zwingend, liegt die Notwendigkeit von Austausch, Abstimmung, Kooperation auf der Hand. Verbreitete Gruppenvorurteile gegenüber „den" Militärs, „den" Nichtregierungsorganisationen können sich hier am ehesten relativieren. Besonders anregend sind manchmal auch die Ansätze anderer Nationen. 2008 erlebte ich in der afghanischen Unruheprovinz Uruzgan im niederländischen PRT eine besonders fortgeschrittene und partnerschaftliche Ressortzusammenarbeit. Es geht auch anders – von anderen lernen! (Nachtwei 2008).

Ein zweiter begünstigender Faktor ist eine Einstellungsfrage: eine ausdrückliche Orientierung auf das Ganze und Gemeinsame, auf Wirksamkeit und Auftragserfüllung. Gefördert manchmal durch den besonderen Risiko- und Leidensdruck im Einsatz.

Förderlich ist schließlich interkulturelle und Interakteurskompetenz: Klarer Blick für Anspruch und Wirklichkeit der eigenen Ziele und die der anderen. Ein Bewusstsein unterschiedlicher Fähigkeiten und Organisationskulturen kann Kommunikationsstörungen reduzieren und Kooperationspotenziale freisetzten. Hier sind Vernetzung und Kooperation kein Selbstzweck und Dogma, sondern werden je nach Kompatibilität/Übereinstimmung von Zielen und Erfordernissen in unterschiedlicher Intensität umgesetzt – von bewusster Nichtkooperation über Informationsaustausch und Ad-hoc-Kooperation bis zu strukturierter Zusammenarbeit.

Von den Ressorts erlebte ich BMVg und Bundeswehr seit Jahren bei weitem am stärksten an Vernetzung und Kooperation interessiert. Die Gründe dafür liegen auf der Hand: Ein Militäreinsatz steht wegen seiner anspruchsvollen Ziele (sicheres Umfeld), hohen Kosten und Risiken unter einem erheblich höheren Leistungs- und Zeitdruck als zivile

Akteure und Maßnahmen. Um abziehen zu können, sind aber Stabilisierungsfortschritte durch politische Konfliktlösung, Förderung von Staatlichkeit und nachhaltige innere Sicherheit unabdingbar. Kommen hier zivile Akteure nicht voran, droht Dauereinsatz, wo eine Friedenstruppe sukzessive in eine Besatzerrolle rutschen kann. Mit anderen Worten: Für die militärische Seite sind Vernetzung und Kooperation mit der zivilen Seite geradezu lebensnotwendig. Umgekehrt gilt das für zivile Akteure ganz und gar nicht. Diplomaten, Entwicklungshelfer, NROs arbeiten in den meisten Regionen, auch Krisengebieten, ganz ohne Militär. Internationale Polizeimissionen und einzelne Polizeiberater nehmen eher eine Zwischenposition ein.

Besondere Möglichkeiten, Vernetzung und Koordination voranzubringen, liegen grundsätzlich beim Bundestag, seinen Fraktionen und Abgeordneten. Budgetrecht und Parlamentsbeteiligung bei Auslandseinsätzen verschaffen dem Bundestag auch auf einem Politikfeld Macht, das traditionell als Domäne der Exekutive galt. Koalitionsverhandlungen sind nach aller Erfahrung die Gelegenheit, wo Fraktionen Weichen neu stellen können. Ich habe selbst 1998 und 2002 erlebt, wie wir damals die neuen Instrumente ziviler Krisenpräventionen über Koalitionsvereinbarungen auf den Weg bringen und neue Formen der Ressortzusammenarbeit anstoßen konnten. Solche Chancen werden aber nur dann genutzt werden können, wenn Befürworter von besserer Vernetzung und Kooperation systematisch in allen koalitionsrelevanten Fraktionen darauf hin wirken und den Einfluss einer ressortbornierten Fixierung auf Zuständigkeiten zurückdrängen.

5 Hindernisse

Fundamentale Hindernisse – auf der internationalen mehr als auf der nationalen Ebene – sind zuwiderlaufende und unverträgliche Ziele und Normen. Wo partikulare und kurzfristige Machtinteressen auf nachhaltige und menschliche Sicherheit, Gegnerfixierung auf Bevölkerungsorientierung, Besatzerverhalten auf interkulturelle Kompetenz stoßen, wo das *Do-No-Harm*-Prinzip etlichen Akteuren unbekannt ist, gibt es keine Kompatibilität von Zielen und Normen, geschweige Konsens. Damit sind notwendige Voraussetzungen von Kooperation nicht erfüllt. Im Gegenteil: Für zivile Akteure in Krisenregionen, insbesondere Hilfsorganisationen, kann hier Distanz gegenüber Militär und Nichtkooperation zum Überlebensprinzip werden. Die Erfahrungen der „Kinderhilfe Afghanistan" des ehemaligen Bundeswehrarztes Dr. Erös in Ostafghanistan sind dafür ein schlagendes Beispiel.

Wo grundsätzlich im Rahmen eines gemeinsamen Auftrags agiert wird, ist das alltägliche und hartnäckigste Hindernis ein vorherrschender Ressort- und Akteursegoismus, bei dem nicht ein Denken „vom Einsatz her" und Wirksamkeitsorientierung, sondern Wahrung von Zuständigkeit und Einfluss das Leitmotiv ist. Partikulares Ressortdenken geht einher mit einer Art „Beitragsideologie": Man leistet als Ressort bzw. Staat professionell seinen jeweiligen Beitrag, macht sich aber kaum bis keine Gedanken über das Ganze, die Sinnhaftigkeit und Notwendigkeiten eines Gesamtengagements. Viele Regierungen verstecken sich regelrecht im Multilateralismus. Exemplarisch war und ist, wie die Bundesrepublik in Afghanistan seit Jahren mit deutschem Tunnelblick fast nur auf den eigenen Verantwortungsbereich sah – und die Entwicklungen in den anderen Regionen und ihre Wirkungen auf den Norden weitgehend ausblendete.

Hinzu kommen strukturelle Hindernisse: Wo verschiedene Akteure über sehr unterschiedliche Kapazitäten (Personal, Analyse, Ausbildung, Logistik) und Ressourcen (Finanzen, Informationen) verfügen, wo unterschiedliche Stehzeiten und ständige Personalfluktuation Kontinuität zerhacken, da werden Vertrauensbildung, Vernetzungen und Kooperationen auf gleicher Augenhöhe von vorneherein massiv erschwert. Die Bundeswehr z. B. verfügt mit ihren vielen Stabsoffizieren über ein Ausmaß an Analyse-, Führungs- und Kooperationsfähigkeiten wie kein anderes Ressort. Während 2010 bei der *United Nations Assistance Mission in Afghanistan* (UNAMA) ein *Desk Officer* für Sicherheitssektorreform zuständig war, waren es bei der *International Security Assistance Force* (ISAF) mehr als 30 Stabsoffiziere.

Interkulturelle Inkompetenz herrscht, wo die eigene Organisationskultur mit ihren spezifischen Zielen und Mechanismen verabsolutiert und die Organisationskulturen der anderen ignoriert werden. Hier sind ineffektive und misslungene Kooperationen vorprogrammiert.

Für die Beziehung insbesondere zwischen Bundeswehr und humanitären und Hilfsorganisationen war in den letzten Jahren überaus hinderlich, dass der Ansatz Vernetzter Sicherheit konzeptionell kaum gefüllt war, von Regierungsseite aber als selbstverständlich und konsensual vorausgesetzt wurde. Wo die Grundprinzipien von Hilfsorganisationen (Neutralität, Unparteilichkeit, Unabhängigkeit und Bevölkerungsorientierung) nicht ernst genommen und respektiert wurden, da verbreitete sich der Generalverdacht, hier sollten Hilfsorganisationen und NROs für Zwecke staatlicher Sicherheitspolitik und im Interesse einer militärischen Logik vereinnahmt werden. Wo ein deutscher Entwicklungsminister in Bezug auf die Afghanistan-Fazilität von deutschen NROs ein Bekenntnis zur Vernetzten Sicherheit verlangte, verstärkte das einen solchen Verdacht. Dass einsatzerfahrene Bundeswehroffiziere i. d. R. ausdrücklich keine Vereinnahmung von NROs wollen und ihre Eigenständigkeit respektieren, wurde dabei oft übersehen.

Überzogene Erwartungen an Vernetzung und Koordination können sich schnell kontraproduktiv auswirken. Überbordende Koordination kann darin enden, dass die beteiligten Akteure immer mehr nur noch mit sich selbst beschäftigt sind. Eine kontraproduktive Überhöhung von oben praktizierte Minister Jung. Wo er Vernetzte Sicherheit zur Strategie erklärte und wie eine Monstranz vor sich her trug, verstärkten sich v. a. bei den Praktikern die Abwehrreflexe.

Auf Seiten des Bundestages wirkten eingefahrene Verhaltensweisen als Hindernisse: Auslandseinsätze zur Krisenbewältigung wurden seit Jahren vorrangig unter der Rechtfertigungsperspektive, zu wenig unter der Wirksamkeitsperspektive debattiert. Unter den Verteidigungspolitikern dominierten Fragen der Ausrüstung und Einsatzregeln, des Mikromanagements. Zu kurz kamen durchgängig die strategischen „Hausaufgaben", das Drängen auf klare, erfüllbare und verantwortbare Aufträge, das Drängen auf Kohärenz, die systematische Kontrolle der Wirkungen. Koalitionsfraktionen verstanden sich überwiegend als Verteidiger und Mehrheitsbeschaffer ihrer Regierung und viel zu wenig als deren kritisch-konstruktive Stützen.

6 Forderung nach Vernetzung und Kooperation als kommunikative Herausforderung

Dank der deutschen Parlamentsbeteiligung kommen Kriseneinsätze im Bundestag und darüber in der Öffentlichkeit so oft und breit zur Sprache wie in wenigen anderen nationalen Parlamenten. Die Voraussetzungen für eine öffentliche Kommunikation und einen demokratischen Diskurs zur Friedens- und Sicherheitspolitik sind damit vergleichsweise gut.

In der parlamentarischen Praxis werden diese Möglichkeiten allerdings nur unzureichend genutzt. Angefangen bei der Schlüsselfrage des WOFÜR von Kriseneinsätzen – und damit des WOFÜR von Vernetzung und Kooperation.

Im Hinblick auf den erweiterten Auftrag der Bundeswehr jenseits der Landes- und Bündnisverteidigung besteht wohl ein weitgehender Konsens (nur mit VN-Mandat, nur multinational). Bisher gelang es aber nicht, diesem erweiterten Auftrag mit einer Präzisierung im Grundgesetz eine klare und unmissverständliche Verfassungsbasis zu geben – und damit zugleich einen Interventionismus für Partikularinteressen auszuschließen.

Beim Wofür des Afghanistaneinsatzes wurde zu lange verkannt, dass gute und hehre, abstrakte Ziele wohl die internationale und nationale Konsensbildung erleichtern, für einen erfolgreichen Einsatz aber ganz und gar nicht ausreichen. Der braucht klare, kohärente, realitätsnahe, erfüllbare Ziele. Wo die nicht erkennbar sind, wo also auch keine Fortschritte „messbar" sind, da macht sich trotz aller sicherheitspolitischen Rechtfertigungen de facto Sinnlosigkeit breit.

Trotz zahlloser Debatten um Auslandseinsätze schaffte es das Parlament nicht, hierüber eine breitere sicherheitspolitische Debatte und Verständigung in der Öffentlichkeit zu fördern.

Ein grundsätzliches Handicap ist die mangelnde Sichtbarkeit des umfassenden Ansatzes, der vielen Akteure von multidimensionalen Kriseneinsätzen. Nahezu unverändert dominiert in der Öffentlichkeit eine militärlastige Wahrnehmung, wo das Militärische, Gewaltereignisse und *Bad News* breiteste Aufmerksamkeit finden – und Aufbauleistungen, Fortschritte in Friedensprozessen, *Good News* nur einen Bruchteil davon. Die militärlastige Wahrnehmung bedeutet für das Militär eine Falle: Ihm wird zumindest unterschwellig eine Durchsetzungs- und Problemlösungskompetenz und damit faktisch die Hauptverantwortung für Gelingen oder Scheitern eines Einsatzes zugesprochen – und das, wo Militärs hierzulande schon lange betonen, dass man mit militärischen Kriseneinsätzen im besten Fall Zeit kaufen, aber keine Konflikte lösen kann.

Die „Militärlastigkeit in Zivil" wurde auch durch eine Parlamentsbeteiligung bei Auslandseinsätzen begünstigt, bei der nur die militärische Beteiligung zustimmungspflichtig ist – und die anderen Komponenten im Schatten bleiben. Seit Jahren debattiert der Bundestag bei Kriseneinsätzen wohl zunehmend ihre zivile und polizeiliche Dimension. Solche Debatten werden aber über die Fachöffentlichkeit hinaus kaum wahrgenommen.

Auch für sicherheitspolitische Journalisten ist der vernetzte Ansatz kaum ein Thema. Bei ihnen fanden Ausrüstungsmängel beim deutschen ISAF-Kontingent hundertmal mehr Aufmerksamkeit als z. B. die jahrelange personelle Unterausstattung auf dem Feld des *Statebuilding*.

Zwischen den verschiedenen Akteuren des umfassenden Ansatzes besteht ein enormes Gefälle an Sichtbarkeit, Attraktivität, jeweiliger Öffentlichkeitsarbeit, journalistischer Erreichbarkeit und medialer „Verkäuflichkeit". Eine umfassende und ressortübergreifende Kommunikationsstrategie müsste dem entgegenwirken. Sie ist bisher nicht in Sicht.

7 Handlungsbedarf auf Seiten des Bundestages

Erste Aufgabe des Bundestages ist, die gegenwärtige vorherrschende friedens- und sicherheitspolitische Selbstzufriedenheit zu beenden und – ausgehend von der Akzeptanz- und Wirksamkeitskrise der heutigen Einsätze – eine systematische Bilanzierung der bisherigen deutschen Beteiligungen an internationalen Krisenengagements anzustoßen. Eine solche wäre eine notwendige Bedingung für eine breitere friedens- und sicherheitspolitische Debatte und Verständigung in Politik und Gesellschaft und die überfällige Strategiebildung.

Hierfür wäre eine *Strategic Review* der Bundesregierung alle zwei Jahre ein zentraler Ansatzpunkt. Sie wäre der strategische Rahmen für solche Grundlagendokumente wie Aktionsplan Zivile Krisenprävention mit Umsetzungsberichten, Weißbuch und Verteidigungspolitischen Richtlinien, Leitlinien zum Umgang mit fragiler Staatlichkeit.

Wo deutsche Friedens- und Sicherheitspolitik eindeutig der internationalen Gewaltverhütung, dem Schutz der eigenen Bürger vor illegaler Gewalt, kollektiver Friedenssicherung, den Menschenrechten und menschlicher Sicherheit verpflichtet ist, wären mit einem solchen grundsätzlichen Zielekonsens die erste Voraussetzung für mehr sinnvolle Vernetzung und Kooperation gegeben.

Der Bundestag sollte sich endlich ein eigenes Bild über die Praxis von Vernetzung und Kooperation zwischen den Ressorts und Durchführungsorganisationen machen. Die Untersuchungen des ZIF geben dazu nützliche Hinweise (Wittkowsky und Meierjohann 2011a; Wittkowsky et al. 2011b).

Um die Voraussetzungen für ein bestmögliches Zusammenwirken zu verbessern, sollte der Bundestag bei den Haushaltsberatungen gezielt die bisher zu schwachen Instrumente stärken und bei Schwerpunkteinsätzen umfassende Mandate beschließen. Diese würden über die militärischen Aufgaben, Fähigkeiten und Kräfte hinaus auch die Aufgaben und Ressourcen ziviler und polizeilicher Schwerpunkte beinhalten.

Der Bundestag sollte die Exekutive ermutigen, mit Hilfsorganisationen und NROs Regeln zu vereinbaren, die ein tatsächlich partnerschaftliches Zusammenwirken auf freiwilliger Basis ermöglichen.

Im Hinblick auf die nächsten Koalitionsverhandlungen sollten sich die Befürworter von mehr Kohärenz in der deutschen Krisenpolitik darauf einstellen, bestimmte ressortgemeinsame Strukturen durchzusetzen bzw. zu stärken, angefangen beim Ressortkreis „Zivile Krisenprävention" mit Steuerungskompetenz und eigenen Haushaltsmitteln. Ressortgemeinsamkeit wäre v. a. notwendig bei der politischen Krisenfrühwarnung plus *Early-Action*-Mechanismen, bei der Planung, Führung und Evaluierung von Kriseneinsätzen sowie für das Querschnittthema *Statebuilding*/fragile Staaten und Sicherheitssektorreform. Über die geplanten situationsbedingten *Task Forces* hinaus sind hierfür auch dauerhafte ressortgemeinsame Strukturen unabdingbar. Nur über sie sind Kontinuität, Kompetenz für längerfristige Prozesse und institutionalisiertes Gedächtnis zu erreichen.

Der Afghanistaneinsatz steht mit der Abzugs- und Übergangsphase vor einer besonders schwierigen Herausforderung. Wo die Afghanistanmüdigkeit in den ISAF-Staaten offenkundig ist, wächst die Gefahr eines ungeordneten Rückzuges ohne Rücksicht auf Lage und Bedarf vor Ort. Der Stellenwert des Afghanistaneinsatzes hierzulande nimmt ab. Umso wichtiger ist, dass hier deutsche staatliche Akteure best abgestimmt vorgehen. Eine Afghanistan-*Task Force* wäre schon lange nötig gewesen. Jetzt ist sie dringlich.

Der Bundestag hätte die Möglichkeit, diese Initiativen durchzusetzen. Voraussetzung dafür wäre allerdings, dass Koalitionsfraktionen ihre faktische Primärrolle, als Sekundant der eigenen Regierung zu agieren, hier überwinden und als Souverän handeln würden.

Eine Reform der deutschen Sicherheitspolitik hat eine andere Dringlichkeit als so manches andere Reformprojekt, das gegebenenfalls auch mal was auf die lange Bank geschoben werden kann. Afghanistan hat es schmerzhaft verdeutlicht: Bei militärischen Kriseneinsätzen entsenden Bundesregierung und Bundestag Frauen und Männer gegebenenfalls in höchste Risiken für Leib und Leben. Das kann ein Staat, das können Abgeordnete nur verantworten, wenn über die sicherheitspolitische Dringlichkeit und Legalität eines solchen Einsatzes hinaus alles dafür getan wird, dass er auch reale Aussicht auf Erfolg hat. Eine notwendige und zentrale Bedingung für den Erfolg eines Einsatzes ist aber das bestmögliche Zusammenwirken derjenigen staatlichen Akteure, die einem gemeinsamen Auftrag verpflichtet sind.

Die Grundpflicht der Soldaten zum treuen Dienen beruht auf Gegenseitigkeit: Ihr entspricht die Grundpflicht des Staates zu klaren und erfüllbaren Aufträgen, zu verlässlicher Fürsorge – und nicht zuletzt zum bestmöglichen Zusammenwirken der staatlichen Akteure.

Bei der Förderung des Zusammenwirkens für gemeinsame Ziele ist der Bundestag bisher noch zu viel Zuschauer und zu wenig Akteur.

Literatur

Bundesministerium der Verteidigung. (2006). *Weißbuch 2006 zur Sicherheitspolitik Deutschlands und zur Zukunft der Bundeswehr.* Berlin: Bundesministerium der Verteidigung.
Bundesministerium der Verteidigung. (2011). *Verteidigungspolitische Richtlinien.* Berlin: Bundesministerium der Verteidigung.
Bundesregierung. (2004, 26. Mai). *Aktionsplan zur zivilen Krisenprävention, Konfliktlösung und Friedenskonsolidierung.* Bundestagsdrucksache 15/5438.
Bundesregierung. (2008, 16. Juli). *Zweiter Bericht der Bundesregierung zur Umsetzung des Aktionsplans „Zivile Krisenprävention" – Krisenprävention als gemeinsame Aufgabe.* Bundestagsdrucksache 16/10034.
Bundesregierung. (2010, 25. Juni). *Dritter Bericht der Bundesregierung zur Umsetzung des Aktionsplans „Zivile Krisenprävention".* Bundestagsdrucksache 17/2300.
Bundestagsfraktion Bündnis 90/Die Grünen. (2009, 17. Juni). *Zivile Krisenprävention und Friedensförderung brauchen einen neuen Schub.* Antrag. Bundestagsdrucksache 16/13392.
Bundestagsfraktion Bündnis 90/Die Grünen. (2011, 29. Juni). *Ressortübergreifende Friedens- und Sicherheitsstrategie entwickeln.* Antrag. Bundestagsdrucksache 17/6351.

Bundestagsfraktion der SPD. (2011, 25. Jan.). *Deutschland braucht dringend eine kohärente Strategie für die zivile Krisenprävention. Antrag.* Bundestagsdrucksache 17/4532.
Major, C., & van Goor, L. (2012, 21. März). How to make the comprehensive approach work. *Clingendael Conflict Research Unit/CRU Policy Brief,* 5.
Nachtwei, W. (2008). Niederlande in Afghanistan 2006–2008, Berichtsauszüge. http://www.nachtwei.de/index.php/articles/997. Zugegriffen: 29. Feb. 2012.
Nachtwei, W. (2011). Der Afghanistaneinsatz der Bundeswehr – Von der Friedenssicherung zur Aufstandsbekämpfung. In A. Seiffert, P. Langer, & C. Pietsch (Hrsg.), *Der Einsatz der Bundeswehr in Afghanistan. Sozial- und politikwissenschaftliche Perspektiven* (S. 33–48). Wiesbaden: VS Verlag für Sozialwissenschaften.
Planungsstäbe AA/BMZ/BMVg. (2012, März). Für eine kohärente Politik der Bundesregierung gegenüber fragilen Staaten. Ressortübergreifende Leitlinien. Berlin.
Wittkowsky, A. (2012, 26. März). „Vernetzte Sicherheit: Begriff, Einordnung und Umsetzung in der Konfliktbearbeitung". Thesenpapier zur Anhörung des Unterausschusses „Zivile Krisenprävention und vernetzte Sicherheit", Berlin.
Wittkowsky, A., & Meierjohann, J. P. (2011a). Das Konzept der Vernetzten Sicherheit: Dimensionen, Herausforderungen, Grenzen. *ZIF Policy Briefing.* Berlin.
Wittkowsky, A. Hummel, W., Meierjohann, J. P., & Pietz, T. (2011b). Vernetztes Handeln auf dem Prüfstand: Einschätzungen aus deutschen Resorts. *ZIF Policy Briefing.* Berlin.

Vernetzte Sicherheit: Grenzen eines erfolgreichen Ansatzes

Erich Vad · Oliver Linz

Zusammenfassung: Vernetzte Sicherheit ist gegenwärtig der wohl beste gesamtstaatliche Ansatz, um aktuellen und künftigen Sicherheitsherausforderungen zu begegnen. Die Bedeutung der Vernetzten Sicherheit ergibt sich aus ihrer Praxisrelevanz, bietet sie doch konkrete Handlungsansätze für erfolgreiche sicherheitspolitische Strategien. Bei der Umsetzung in der Praxis sind allerdings auch verschiedene Grenzen zu beachten. Dazu zählen Aspekte wie Hürden in der zwischenmenschlichen Zusammenarbeit, verfassungsrechtliche sowie strukturelle, kulturelle und konzeptionelle Aspekte. Der Schlüssel zum Erfolg der Vernetzen Sicherheit liegt bei den Mitarbeitenden. Daher sollte verstärkt in die ressortgemeinsame Aus- und Weiterbildung sowie in den Personalaustausch investiert werden.

Schlüsselwörter: Faktor Mensch · Grenzen Vernetzter Sicherheit · Gesamtstaatliches Handeln

Networked Security: Limitations of a Successful Approach

Abstract: The Comprehensive Approach is the most suitable whole-of-government concept available to address today's and tomorrow's security challenges. The concept envisions new ways of interaction between different state and non-state actors and thus makes an important contribution to advance successful security strategies. Possible limitations should be taken into account, however, in order not to raise expectations that cannot be met. Challenges to be addressed by practitioners include the day-to-day practice of cooperation, the current legal framework as well as structural, cultural, and conceptual differences between different actors. In the long run, human factors are the most important success factor to leverage the full potential of the Comprehensive Approach. To this purpose, existing programs for inter-agency training and education as well as personnel rotation should be strengthened.

Keywords: Human factors · Limits of the comprehensive approach · Whole-of-government concept

---

© VS Verlag für Sozialwissenschaften 2012

Brigadegeneral Dr. Erich Vad ist Gruppenleiter im Bundeskanzleramt. Dr. Oliver Linz ist Referent im Bundeskanzleramt. Die Autoren geben ihre persönlichen Auffassungen wieder.

Dr. E. Vad (✉) · Dr. O. Linz
Willy-Brandt-Straße 1, 10557 Berlin, Deutschland
E-Mail: oliver.linz@bk.bund.de

1 Einleitung

Vernetzte Sicherheit ist seit geraumer Zeit im sicherheitspolitischen Diskurs Deutschlands *der* bestimmende Faktor. Doch noch immer scheint es schwer zu entscheiden, was Vernetzte Sicherheit letztendlich ist: eine strategie-theoretische Begrifflichkeit, ein mittlerweile ideologisch aufgeladener Kampfbegriff oder eine praktische Strategieformel? Eine Vielzahl von Fragen knüpfen daran an: Wird Vernetzte Sicherheit konzeptionell ausgefüllt? Taugt die Formulierung Vernetzte Sicherheit zur Beschreibung eines umfassenden und vielschichtigen staatlichen Vorgehens? Und zuletzt – aber alles entscheidend – die Frage: Ist das deutsche sicherheitspolitische Handeln der vergangenen rund zehn Jahre, das den Ansatz des vernetzten Agierens von Jahr zu Jahr mehr in den Mittelpunkt seiner konzeptionellen und praktischen Überlegungen stellte, erfolgreich – und ist es dabei erfolgreicher als zuvor?

Viele dieser Fragen sind zweifellos relevant – andere hingegen sind rein akademischer Natur. Vernetzte Sicherheit ist jedoch ein Ansatz, der seine große Attraktivität und seine Bedeutung aus seiner Praxisrelevanz zieht. Vernetzte Sicherheit soll konkrete Handlungsansätze bieten und zur Formulierung von erfolgreichen sicherheitspolitischen Strategien beitragen. Wichtig bei der Beurteilung des Ansatzes der Vernetzten Sicherheit ist daher die Empirie, d. h. die Analyse der Erfahrungen, die man in den letzten Jahren gesammelt hat.

„Vernetzung" ist nicht neu. Das Konzept der *Grand Strategy* wird gerade in angelsächsischen Ländern mindestens seit rund einem Jahrhundert verfolgt. Es verbindet/vernetzt die Ressourcen und Instrumente eines Staates in einem ganzheitlichen Ansatz, um eigene Interessen durchzusetzen bzw. zu wahren. Der Schwerpunkt dieses Konzeptes lag primär auf der militärstrategischen Seite; sein Anwendungsbereich v. a. in zwischenstaatlichen Konflikten.

Vernetzte Sicherheit ist dagegen die Abkehr von einer rein militärischen Betrachtungsweise. Und der Anwendungsbereich liegt nicht bei klassischen militärischen Konflikten zwischen zwei Staaten oder Bündnissen, sondern bei asymmetrischen und innerstaatlichen Konflikten, bei Krisenbewältigung und bei Stabilisierungseinsätzen. Der Wandel der Konfliktstrukturen seit Ende des Kalten Krieges hat diesen neuen sicherheitspolitischen Ansatz nötig gemacht.

Zu Beginn gilt es, eine Feststellung zu treffen: Vernetzte Sicherheit ist der derzeit wohl beste gesamtstrategische Ansatz, der uns zur Verfügung steht, um Herausforderungen wie in Afghanistan aktuell oder in Somalia langfristig zu lösen. Die Vernetzte Sicherheit ist jedoch weder ein sicherheitspolitisches Allheilmittel, noch ist sie in ihrer jetzigen Anwendung konzeptionell und operativ ausgereizt. Durch Vernetzte Sicherheit sind einige vielversprechende Perspektiven auf dem Balkan und in Afghanistan eröffnet worden.

Der Ansatz selbst ist erst vor rund zehn Jahren in seinen Grundlagen so definiert worden, dass konzeptionelle Ideen fruchtbar miteinander in einen zielgerichteten Kontext gestellt werden konnten. Offiziell Eingang in die deutsche Sicherheitspolitik gefunden hat der Ansatz erst im „Weißbuch 2006 zur Sicherheitspolitik Deutschlands und zur Zukunft der Bundeswehr". Fast zeitgleich dazu verlief die Diskussion in der NATO unter dem Begriff *Comprehensive Approach*.

Es gibt jedoch Grenzen vernetzter Sicherheitsstrategien, die überzogene Erwartungshaltungen relativieren und die dieser Essay aufzeigen will.

2 Vernetzte Sicherheit: Grenzen der Umsetzung

Die zunehmende Diskussion und Analyse des Ansatzes der Vernetzten Sicherheit geht einher mit der Kritik, das Konzept funktioniere noch immer nicht so wie erwünscht. Und es ist sicher richtig, dass das Konzept in seiner praktischen Umsetzung an praktische Grenzen stößt. Einige dieser Grenzen sind grundsätzlicher Natur, andere rechtlicher und struktureller Art.

2.1 Grundsätzliche Probleme

Vernetzte Sicherheit ist ein Konzept, das in seiner Umsetzung Schnittstellen schafft, um übergreifendes Handeln zu ermöglichen. Diese Tatsache erscheint jedoch paradox in einer Zeit, in der es die selbstverständliche Forderung von Unternehmens- und Organisationsreformen und den Optimierungen von Prozessabläufen ist, die Zahl von Schnittstellen zu vermindern. Diese Forderung resultiert aus der Erkenntnis, dass Schnittstellen nichts anderes sind als Kooperationen zwischen menschlichen Individuen – sei es als Gruppen oder als Einzelpersonen. Und solche Kooperationen bringen alle Vorteile, v. a. aber Probleme mit sich, die im menschlichen Miteinander und in der gegenseitigen Kommunikation, Koordination und Kooperation auftreten können. Und so besteht auch gerade eine grundsätzliche Grenze der Vernetzten Sicherheit in der Zusammenarbeit zwischen den beteiligten Menschen. Hier stößt das Konzept sehr schnell auf Schwierigkeiten, scheitern doch viele ressort- oder organisationsübergreifende Kooperationen schlicht und ergreifend am menschlichen Faktor.

Daneben gibt es noch zwei weitere grundsätzliche Grenzen in der Umsetzbarkeit der Vernetzten Sicherheit: die Faktoren Zeit und Tempo. Das Konzept der Vernetzten Sicherheit braucht Zeit, um wirksam zu werden. Um alle Akteure und Instrumente zusammen im Einklang zur Wirkung zu bringen, ist eine umfangreiche Planung, Vorbereitung und Implementierung notwendig. So wie es auch Zeit braucht, dass Wirkung erzeugt wird. Doch Zeit steht angesichts einer sich stetig beschleunigenden Berichterstattung und der Erwartungshaltung der Öffentlichkeit, ein Problem lasse sich – zumal mit der Ankündigung, man würde alle Lösungsinstrumente vernetzt anwenden – in wenigen Tagen oder Wochen lösen, den Handelnden nur sehr begrenzt zur Verfügung. Ungeduld ist damit einer der am stärksten wirkenden limitierenden Faktoren für die Wirksamkeit der Vernetzten Sicherheit. Eng damit verbunden ist der Faktor Tempo. Viele sicherheitspolitische Herausforderungen verlangen schnelle Entscheidungen. Oftmals erfolgt daher der Rückgriff auf bestehende (Ressort-) Strukturen und Instrumente bzw. auf schon existente Entscheidungsgremien und Verfahrensabläufe, die auch oft innerhalb der Ressorts zu verorten sind. Zusätzliche Schnittstellen im Rahmen vernetzten Handelns scheinen bei bestehendem Zeitdruck eher hinderlich zu sein.

2.2 Verfassungsrechtliche Grenzen

Neben diesen grundsätzlichen Grenzen gibt es auch verfassungsrechtliche Einschränkungen der Vernetzten Sicherheit. Da gibt zum einen Art. 87a Grundgesetz enge rechtliche Vorgaben zum Einsatz von Streitkräften als einem der entscheidenden Instrumente der Vernetzten Sicherheit. Das Credo des Erweiterten Sicherheitsbegriffes, die Grenze zwischen innerer und äußerer Sicherheit sei fließend, hat noch keine verfassungsrechtliche Umsetzung gefunden. Daher ist auch die Vernetzung von Instrumenten der inneren (Polizei und Verfassungsschutz) und der äußeren Sicherheit (Bundeswehr und Bundesnachrichtendienst) nur sehr bedingt möglich. Verstärkt wird dies noch durch das Ressortprinzip in seinem Wechsel- und Spannungsverhältnis zum Koalitionsprinzip im Kabinett und der Richtlinienkompetenz des Bundeskanzlers. Kern des Ressortprinzips ist seine klare Zuordnung von politischer Verantwortung. Diese Verantwortung ist letztendlich unteilbar und kann und darf im Rahmen der Vernetzten Sicherheit nicht verwischt werden. Die Ressortminister müssen entscheiden, welchen Mitteleinsatz sie vertreten können und übernehmen dafür die Verantwortung. Ein Zwang zur Kooperation oder eine Abgabe dieser Verantwortung ist verfassungsrechtlich nur in sehr begrenztem Rahmen zum einen durch das Kollegialprinzip im Kabinett und zum anderen durch die Richtlinienkompetenz des Bundeskanzlers möglich. Vernetztes Handeln hingegen darf die Ressortverantwortung nicht schwächen, sondern muss sie immer berücksichtigen.

Ähnlich gestaltet es sich mit dem föderalen Staatsaufbau, den das Grundgesetz klar beschreibt. Das föderale Prinzip setzt der Zusammenarbeit zwischen Bund und Ländern im Rahmen der Vernetzten Sicherheit klare Grenzen. Deutlich wird dies an dem aktuellen Beispiel der Organisation und der Durchführung der Polizeiausbildung in Afghanistan. Ein Ansinnen, diese Grenze technisch zu überwinden, indem man in Deutschland eine vielen Partnern ähnliche Gendarmerietruppe aufstellt, trifft schnell auf eigene verfassungsrechtliche Grenzen. Als letztes Beispiel für rechtliche Grenzen sei die Gewinnung und Nutzung nachrichtendienstlicher Erkenntnisse genannt. In den vergangenen Jahren hat sich gezeigt, dass eine Vernetzung von Akteuren auch eine Vernetzung bzw. Teilung der Informationen erfordert. Handelt es sich dabei jedoch um nachrichtendienstliche Informationen, so sind ihrer Weitergabe durch den Verfassungsschutz und den Bundesnachrichtendienst klare rechtliche und praktische Grenzen gesetzt. Diese Grenzen werden noch deutlicher und unüberwindlicher, wenn in die Vernetzung auch internationale Akteure oder nichtstaatliche Akteure einbezogen sind.

2.3 Strukturelle und kulturelle Grenzen

Auch strukturelle Faktoren begrenzen die Umsetzung und die Wirksamkeit der vernetzten Sicherheit. So steht unsere Parlamentsdemokratie mit ihren vielfältigen juristischen und verfahrensrechtlichen Strukturen, Abläufen und Prozessen im Gegensatz zu der Staatsordnung einiger unserer Verbündeten mit ihren zentralistischer angelegten Strukturen einem Vernetzten Ansatz im Wege. Derart können die USA und Frankreich mit ihren Präsidialdemokratien charakterisiert werden. Für die Präsidialadministration in diesen Ländern stellt sich die Frage einer Abwägung zwischen Richtlinienkompetenz und Ressortprinzip nicht. Vielmehr ist es um einiges einfacher, koordinierend in einem klar gestalteten *Top-Down*-Verfahren zu wirken. Die politische Realität und die dahinter stehende politische Kultur in Deutschland geben eher dem *Bottom-Up*-Approach aus den Ressorts den Vorzug. Für ausländische Beobachter ist dabei bemerkenswert, wie sehr in Deutschland von Beginn an ressortübergreifende Gespräche geführt werden und bei der gemeinsamen Formulierung von Politikansätzen über alle Ebenen hinweg Kompromisse gesucht werden. Dieses Vorgehen erfolgt in vielen anderen Staaten erst, nachdem an zentraler Stätte ein Ansatz formuliert wurde.

Verstärkend auf den geschilderten dezentralen Ansatz in Deutschland wirkt sich das Phänomen aus, dass Bundesregierungen in der Vergangenheit immer Koalitionsregierungen waren und dies auch in der berechenbaren Zukunft so bleiben wird. Damit verstärkt sich der Drang zur Ressorteigenständigkeit noch, was gerade in sicherheitspolitischen Fragen von größter Bedeutung ist, da das Außen- und das Verteidigungsressort sowie das Bundeskanzleramt als Kernressorts der Sicherheits- und Verteidigungspolitik in der Koalitionsarithmetik der Bundesrepublik immer von unterschiedlichen Parteien besetzt werden.

Auch auf internationaler Ebene stehen das Eigengewicht und das Streben nach Autonomie bei Akteuren im Mittelpunkt. Leicht nachvollziehbar ist dies bei der EU und der NATO: Aufgrund der unterschiedlichen Ausrichtungen und Strukturen sowie der z. T. divergierenden Mitglieder sind diese beiden herausragenden sicherheitspolitischen Institutionen nur bedingt vernetzbar. Die Pflege ihres jeweiligen Alleinstellungsmerkmals dient beiden Bündnissen sowohl zur klaren Konturierung ihrer Außendarstellung und -wahrnehmung wie auch im Inneren zum Aufbau bzw. zur Aufrechterhaltung ihrer Kohärenz. Eine Verschränkung des Wirkens von EU und NATO, bei der beide Organisationen ihren Mehrwert ausspielen könnten – EU/zivile Expertise, NATO/primär militärische Kapazitäten und Fähigkeiten –, scheint aus Sicht der Organisationen daher durchaus als nicht erstrebenswert.

Als entscheidendes Hindernis für die Umsetzung der Vernetzten Sicherheit haben sich die verschiedenen Führungsphilosophien und die unterschiedlichen Herangehensweisen der beteiligten Akteure erwiesen. Herausragendes Beispiel sind die Kommunikations- und Kooperationsprobleme zwischen zivilen und militärischen Akteuren. Doch Störungen in der Zusammenarbeit ergeben sich auch zwischen rein zivilen Akteuren, etwa wenn es sich auf der einen Seite um staatliche Akteure handelt und auf der anderen Seite um nichtstaatliche Akteure wie Nichtregierungsorganisationen. Viele der Probleme erweisen sich zwar nach einiger Zeit, in der man praktisch vor Ort miteinander kooperiert, als überbrückbar. Doch kommt es immer wieder zu Reibungsverlusten und gegenseitigen Blockaden. Diese Grenze für die Vernetzte Sicherheit ist sicher diejenige, die man am ehesten überwinden kann. Darauf wird später einzugehen sein.

2.4 Finanzielle Grenzen

Und schließlich gibt es noch eine Grenze für die Vernetzte Sicherheit, die im Laufe der vergangenen Jahre immer deutlicher in Erscheinung trat: die finanziellen Ressourcen. Im Konzept der Vernetzten Sicherheit ist die Tendenz zu großen Entwürfen und umfassenden Strategien logisch angelegt. Die Befriedung eines Staates oder einer Region verlangt Sicherheit, diese verlangt Stabilität, und dies ist nur zu erreichen, wenn mit umfangreichen finanziellen Mitteln Staatsaufbau oder -wiederaufbau betrieben wird. Die Kosten solcher Maßnahmen entziehen sich schnell der Planung und der Übersicht, denn sie werden von unterschiedlichsten Akteuren oft zu ganz unterschiedlichen Phasen über einen langen Zeitraum getragen, der meist nicht im Voraus genau zu terminieren ist. Die Bereitschaft von Staaten, internationalen Organisationen oder auch Nichtregierungsorganisationen, solche unplanbaren Kosten zu tragen, war nie sehr hoch. Durch die einschneidende Wirtschafts- und Finanzkrise v. a. in Europa und Amerika ist diese Bereitschaft dramatisch gesunken. Zugespitzt lässt sich sagen, dass eines der intendierten Ziele der Vernetzten Sicherheit die Vermeidung von blutigen Militäreinsätzen durch die Anwendung einer viel breiteren Palette von Instrumentarien war. Instrumentarien, die in jedem Falle mit finanziellen Mitteln hinterlegt werden müssen. Es wird zu beobachten sein, ob eine der Folgen der Finanzkrise eine Abwendung vieler Staaten von der langwierigen und kostenintensiven Umsetzung der Vernetzten Sicherheit und eine Hinwendung zur kurzfristig (beabsichtigten) und mit (vermeintlich) überschaubaren Kosten verbundenen militärischen Option sein wird. Strategische Geduld ist in Zeiten knapper Kassen ein zunehmend rares Gut.

2.5 Konzeptionelle Grenzen

Wenn heute die Schnelligkeit bei der Reaktion auf die ersten Anzeichen einer Krise und die Geschwindigkeit bei der Umsetzung von Maßnahmen bei ihrer Lösung oder zumindest ihrer Einhegung von entscheidender Bedeutung sind, so muss die konzeptionelle, strukturelle und materielle Vorbereitung auf mögliche Krisen eine Kernforderung an eine zeitgemäße Sicherheitspolitik sein. Doch gerade eine vernetzte Herangehensweise lässt sich nur sehr bedingt im Voraus planen. Denn Vernetzte Sicherheit ist nur wirksam – und entfaltet ihren konzeptionellen Charme –, wenn sie auf die jeweilige Situation maßgeschneidert wird. Der Anteil der Ressorts am Wirken vor Ort, die Quantität und Qualität der eingesetzten Ressourcen und der Umfang der Einbindung von unterschiedlichen Akteuren kann nur nach genauer Analyse der Konfliktsituation entschieden und eingeleitet werden. Eine erfolgreiche Vernetzung von Fähigkeiten und Akteuren in einem Einsatzszenario ist aller Voraussicht nach kein zwingendes Erfolgsrezept für ein anderes Einsatzszenario.

3 Der langfristige Erfolg der Vernetzten Sicherheit erfordert Grenzüberwindungen

Die Liste der aufgezeigten Grenzen für das Konzept der Vernetzten Sicherheit ist lang. Und viele der genannten Grenzen sind nicht oder nur sehr schwerlich zu überwinden, da es sich um grundsätzliche verfassungsrechtliche Bestimmungen handelt oder Fragen der politischen Kultur und des über mehr als sechs Jahrzehnte geübten parlamentarischen Handelns betrifft. Andere Grenzen scheinen durchlässiger.

Kern des Erfolges der Vernetzten Sicherheit ist jedoch der Faktor Zeit: Je mehr Erfahrung wir mit diesem Ansatz sammeln, desto besser werden wir in seiner Konzeption und in seiner Umsetzung. Doch diese Generierung von Erfahrung lässt sich beschleunigen und optimieren. Schlüssel dafür ist der Faktor Mensch: Wenn es gelingt, das Personal zumindest der verschiedenen staatlichen Akteure gemeinsam im Sinne einer Vernetzten Sicherheit auszubilden, treten eine ganze Reihe von Grenzen bei der Umsetzung des Konzeptes in den Hintergrund.

So kann eine gemeinsame Ausbildung Ressortegoismen – oftmals sogar Ressortautismus – verringern; sie kann die Unterschiede in den Kulturen und Führungsphilosophien der Ressorts und Organisationen wenn nicht nivellieren, so doch relativieren; sie dient einer umfassenden Verbreitung von *Lessons-Learned*-Prozessen und sie verringert die Reibungsverluste bei der Umsetzung des Vernetzten Ansatzes vor Ort, wenn alle Beteiligten mit dem selben Verständnis an ihre Aufgabe herangehen. Erste Schritte, gemeinsame Aus- und Fortbildung zu organisieren, sind gemacht: An der Führungsakademie der Bundeswehr ist es seit einigen Jahren erfolgreiche Praxis, Vertreter anderer Ressorts und Organisationen einzuladen, um den Offizieren ihre eigene Sicht und ihr eigenes Verständnis der Vernetzten Sicherheit zu vermitteln. Ähnlich positive Erfahrung macht auch die Bundesakademie für Sicherheitspolitik mit ihren Seminarangeboten, die sich auch dezidiert an zukünftige Praktiker der Vernetzten Sicherheit etwa in Afghanistan richten.

Neben einer Intensivierung gemeinsamer Ausbildungsabschnitte oder -inhalte gilt es auch den Austausch von Personal zwischen den Ressorts und Organisationen zu fördern. Als ein gelungenes Beispiel – wenn auch unter sehr speziellen Rahmenbedingungen – kann hier das Bundeskanzleramt genannt werden: Die Entsendung von Personal aus allen Ressorts in meist ressortübergreifend besetzte Abteilungen oder sogar Referate schafft ein Maß an Vernetzung und gemeinsamen Handelns, wie es vorbildlicher kaum zu erreichen ist. Für die Gesamtidee der Vernetzten Sicherheit wäre ein Personalaustausch in einem sehr viel größeren Rahmen als schon jetzt bestehend zwischen den Ressorts wünschenswert. Denn: Vernetztes, ressortübergreifendes und gesamtstrategisches Denken und Handeln der beteiligten Personen ist sehr viel entscheidender als entsprechende Organisationsformen und -strukturen.

„Der vernetzte Diplomat": Von Vernetzter Sicherheit zu einer „netzwerkorientierten Außenpolitik"

Thomas Bagger · Wolfram von Heynitz

Zusammenfassung: Vernetzte Sicherheit hat als Leitmotiv deutscher Sicherheitspolitik das Denken des Kalten Krieges abgelöst. Einschneidende Interventionserfahrungen auf dem Balkan und in Afghanistan haben die konzeptionelle und praktische Vernetzung der Akteure beschleunigt. Gleichzeitig wächst durch Globalisierung und Digitalisierung die Zahl außenpolitischer Akteure. Die Summe internationalisierter Fachpolitiken aber ergibt noch keine schlüssige Außenpolitik. Es braucht eine Plattform zur Integration der außenpolitischen Komponenten. Das Leitbild einer „netzwerkorientierten Außenpolitik" denkt den Ansatz der Vernetzten Sicherheit konsequent weiter und formuliert ein neues Selbstverständnis des Auswärtigen Amtes.

Schlüsselwörter: Sicherheitspolitik · Globalisierung · Außenpolitische Koordination · Netzwerkorientierung · Ressortgemeinsame strategische Leitlinien

"The Networked Diplomat": From "Networked Security Policy" to a "Network Oriented Foreign Policy"

Abstract: "Networked security" has replaced cold war thinking as the "Leitmotiv" of German security policy. The significant experience of interventions in the Balkans and Afghanistan has accelerated conceptual and practical networking between the various parties involved. At the same time, globalisation and digitalisation has increased the number of foreign policy actors. International policy across all public sector areas, however, does not yet amount to a coherent foreign policy. A platform to integrate the different foreign policy components is needed. "Network oriented foreign policy" represents the logical further development of "networked security" and entails a new internal and external understanding of the role of the Foreign Office.

Keywords: Security policy · Globalization · Foreign policy coordination · Network orientation · Comprehensive strategic guidance

---

© VS Verlag für Sozialwissenschaften 2012

Dr. Thomas Bagger ist Leiter des Planungsstabs des Auswärtigen Amtes, Wolfram von Heynitz ist Mitarbeiter im Planungsstab. Der Beitrag gibt ausschließlich die persönliche Auffassung der Autoren wieder.

Dr. T. Bagger (✉) · W. von Heynitz
Planungsstab, Auswärtiges Amt,
Werderscher Markt 1, 10117 Berlin, Deutschland
E-Mail: thomas.bagger@diplo.de

1 Der lange Weg zur Vernetzten Sicherheit

Es waren v. a. die Kriege und Befriedungsinterventionen auf dem Balkan in den 90er Jahren, die den gedanklichen Übergang von den konventionellen und potenziell nuklearen Kriegsszenarien des Kalten Krieges zu einem erweiterten Sicherheitsbegriff und allmählich auch einem vernetzten Ansatz von Sicherheitspolitik beförderten. An die Stelle ausdifferenzierter, aber nie getesteter Eskalationsszenarien traten ganz praktische Herausforderungen von Krisenprävention, Post-Konfliktmanagement und Friedenskonsolidierung. Die ersten zivilen Missionen der Organisation für Sicherheit und Zusammenarbeit in Europe (OSZE) auf dem Balkan wurden noch aus dem Zettelkasten des zuständigen Referats des Auswärtigen Amtes bestückt. Aber schon mit der zivilen Verwaltungsmission *United Nations Interim Administration Mission in Kosovo* (UNMIK) nach dem Kosovokrieg stieß das System an seine Grenzen, organisatorisch ebenso wie konzeptionell.

Die Verbindung von Einsatzrealität und friedenspolitischen Konzepten der rot-grünen Regierung brachte erste konkrete Fortschritte. Im Gesamtkonzept „Zivile Krisenprävention, Konfliktlösung und Friedenskonsolidierung" vom April 2004 (Bundesregierung 2004) legte die damalige Bundesregierung ihre Grundsätze zur Krisenprävention fest. Der am 12. Mai 2004 verabschiedete Aktionsplan mit gleichem Titel bildete fortan den politischen Referenzrahmen für die krisenpräventive Politik der Bundesregierung. Auf der Grundlage des Aktionsplanes wurden anschließend der Ressortkreis „Zivile Krisenprävention" und der „Beirat zivile Krisenprävention" geschaffen, um die Arbeit der Ressorts besser aufeinander abzustimmen. Beide fanden später auf parlamentarischer Ebene eine Entsprechung mit der Einrichtung des Bundestagsunterausschusses „Krisenprävention und vernetzte Sicherheit". Gleichermaßen als Konsequenz aus den Lehren der 90er Jahre und als Element einer bewusst stärker krisenpräventiv orientierten Sicherheitspolitik wurde außerdem das Zentrum für Internationale Friedenseinsätze, kurz ZIF genannt, gegründet.

1.1 Das Zentrum für Internationale Friedenseinsätze (ZIF) und die Vernetzte Sicherheit

Vor 10 Jahren, am 24. Juni 2002, wurde das ZIF in Berlin aus der Taufe gehoben.

Im Auftrag des Auswärtigen Amts kümmerte es sich fortan um die Gewinnung, Betreuung und Entsendung von Personal in internationale Friedensmissionen und Wahlbeobachtungseinsätze. Zehn Jahre nach seiner Gründung gehört diese nachgeordnete Behörde des Auswärtigen Amtes zu den Erfolgsgeschichten der Vernetzten Sicherheit in der Bundesregierung. Über 2.000 Experten haben an ZIF-Trainingsmaßnahmen teilgenommen, über 3.000 deutsche Wahlbeobachter wurden über das ZIF entsandt. Die Expertise des ZIF wird heute gezielt von den Vereinten Nationen (VN), der OSZE oder der EU angefordert. Und die Nachfrage nach zivilen Experten steigt weiter an: Jedes Jahr sind im Rahmen von EU, NATO, OSZE und VN insgesamt 300 deutsche zivile Expertinnen und Experten in langfristigen Auslandsmissionen eingesetzt (Link 2012).

Neben Training und Entsendung von qualifiziertem Einsatzpersonal befruchtet das ZIF heute auch die Debatte über zukünftige Herausforderungen von Friedensmissionen und über das Konzept der Vernetzten Sicherheit selbst. In einem Bilanzpapier 5 Jahre nach der offiziellen Einführung des Begriffs im Weißbuch 2006 wird die Herausforderung auf den Punkt gebracht: „Das Konzept bezweckt instrumentell eine verbesserte Koordination von Akteuren des Krisenmanagements. Seine erfolgreiche Umsetzung erfordert eine Kombination von dauerhaften Institutionen, die vernetztes Handeln ermöglichen, sowie von ad hoc-Arrangements, die auf den konkreten Konflikt maßgeschneidert sind. Dabei geht es nicht um die maximale, sondern um die optimale Vernetzung" (Wittkowsky und Meierjohann 2011).

1.2 Erfahrungen in Afghanistan

Eine solche Form von ad hoc-Arrangements entwickelte die Bundesregierung kurz nach Amtsantritt für die größte Auslandsmission in Afghanistan, aufbauend auf den Vereinbarungen des Koalitionsvertrags vom Herbst 2009 und ausgehend von der Erkenntnis, dass Sicherheit ohne ein politisches bzw. entwicklungspolitisches Konzept ebenso unerreichbar ist wie politische bzw. entwicklungspolitische Erfolge ohne Stabilisierung der Sicherheitslage. Die Bundesregierung ging dabei deutlich über die bis dahin üblichen Abstimmungsmechanismen hinaus: Eine regelmäßig tagende Staatssekretärsrunde der betroffenen Ressorts Auswärtiges, Verteidigung, Inneres und Wirtschaftliche Zusammenarbeit und Entwicklung unter Teilnahme des Bundeskanzleramtes bildet den Kern der Vernetzung. Auf politischer Ebene trifft sich anlassbezogen der gleiche Kreis auf Ebene der Ressortchefs unter Vorsitz der Bundeskanzlerin, um die politischen Weichenstellungen vorzunehmen – etwa für die Neuausrichtung der Afghanistanstrategie im Januar 2010, einschließlich der Mandatsaufstockung und der Verdopplung der zivilen und Wiederaufbauhilfe, sowie vor wichtigen internationalen Wegmarken wie der Konferenz von Kabul im Sommer 2010, dem Gipfel von Lissabon im Herbst 2010 oder der Bonner Afghanistankonferenz im Dezember 2011.

Entscheidendes Schwungrad der interministeriellen Abstimmung ist der vom Kabinett bestätigte Afghanistanbeauftragte, der mit dem ihm zugeordneten Arbeitsstab im Auswärtigen Amt über eine schlagkräftige Arbeitseinheit verfügt und zugleich der Beauftragte der Bundesregierung ist. Der ca. 30-köpfige Arbeitsstab ist den regulären Abteilungsstrukturen entzogen, integriert Kolleginnen und Kollegen aus anderen Ressorts und ist im AA unmittelbar der Staatssekretärin unterstellt. Er erstellt und stimmt u. a. den jährlichen Fortschrittsbericht der Bundesregierung zu Afghanistan ab – eine in dieser Form und Ausführlichkeit bislang einmalige Evaluierung einer deutschen Auslandsmission.

Das ad hoc-Modell des Afghanistanbeauftragten der Bundesregierung, seines organisatorischen Unter- wie seines politischen Überbaus hat sich für die Formulierung einer kohärenteren und aktiveren Afghanistanpolitik bewährt. Dies hat wesentlich zur Entwicklung einer klaren, einheitlichen Strategie für den Afghanistaneinsatz beigetragen. Diese Erfolge werden auch von internationalen Partnern anerkannt, was im deutschen Vorsitz in der informellen Koordinierungsgruppe der internationalen Sonderbeauftragten ebenso zum Ausdruck kommt wie in der Ausrichtung der internationalen Afghanistankonferenz in Bonn Anfang Dezember 2011. Dabei kam dem deutschen Vorbereitungsteam eine tragende Rolle bei der Erarbeitung der wesentlichen Konferenzergebnisse zu, namentlich der Perspektive einer „Transformationsdekade" im Anschluss an die Übergabe der Sicherheitsverantwortung an die afghanische Seite bis 2014.

1.3 Das Krisenreaktionszentrum des Auswärtigen Amtes

Ein seit langem existierendes und über die Jahre systematisch ausgebautes Element ressortübergreifender Sicherheitspolitik ist das Krisenreaktionszentrum des Auswärtigen Amtes. An seiner Entwicklung lässt sich der Wandel von der „Bonner" zur „Berliner Republik" besonders anschaulich nachvollziehen. Was an der Bonner Adenauerallee noch ein Zwei-Mann-Betrieb mit Telefon, Fernseher und Attachés als Freiwilligen war, ist inzwischen in den Tresorräumen des ehemaligen Reichsbankgebäudes am Werderschen Markt zu einem professionellen, umfassend vernetzten, jederzeit aufwuchsfähigen und effizienten Koordinierungs- und Führungsinstrument für alle Arten und Formen von Krisen im Ausland geworden.

„Treiber" dieses Ausbaus war eine durch die globalisierte Wirtschaft, Tourismus und beschleunigte Nachrichtenzyklen veränderte öffentliche Erwartungshaltung sowie immer neue Krisen ganz unterschiedlicher Natur: Das über 4 Monate andauernde Geiseldrama um die Familie Wallert im Dschungel der Philippinen im Sommer 2000 spielte eine wichtige Rolle, der Absturz der Concorde bei Paris im August desselben Jahres mit über 100 deutschen Urlaubern an Bord, später der Tsunami im Indischen Ozean an den Weihnachtstagen 2004 und das Erdbeben von Haiti im Januar 2010. Durchhaltefähigkeit und Rund-um-die-Uhr-Betrieb, Aufwuchsfähigkeit in kürzester Zeit, technische Ausstattung auf neuestem Stand, Vernetzung mit anderen Krisen- und Lagezentren – all das ist in den letzten 15 Jahren realisiert worden und wird ständig weiter ausgebaut. Die Realität des Krisenreaktionszentrums heute sind multiple parallele Krisen, die unabhängig voneinander gesteuert werden müssen. Diffizile Entführungsfälle, die sich immer häufiger über Monate hinziehen und bei denen das Krisenreaktionszentrum die Aktivitäten der Bundesregierung koordiniert, werden überlagert von Großkrisen mit entsprechender medialer Aufmerksamkeit. Anfang 2011 etwa kamen zu diversen laufenden Geiselnahmen erst der Umbruch in Tunesien und Ägypten hinzu, mit enormen Auswirkungen auf viele Tausende deutscher Touristen in beiden Ländern, praktisch gleichzeitig die Krise in Libyen mit einer großangelegten Evakuierungsaktion im Zusammenspiel mit der Bundeswehr, und wenige Tage danach der Atomunfall von Fukushima mit Folgen für die gesamte deutsche Community in Japan und der zeitweisen Verlagerung der Arbeit der Deutschen Botschaft Tokyo in den Südwesten des Landes.

Es zeigt sich, dass die Beherrschung oder zumindest Bewältigung der Auswirkungen dieser Krisen nur in einem engen Zusammenspiel unterschiedlicher Akteure erreichbar ist. Die hierfür und für eine einheitliche Kommunikation gegenüber Betroffenen sowie der Öffentlichkeit unabdingbare Koordinierung erfolgt im Krisenreaktionszentrum je nach Krisenlage. Neben den „Kernressorts" Verteidigung, Inneres sowie Wirtschaftliche Zusammenarbeit und Entwicklung werden weitere Ressorts hinzugezogen, außerdem Bundeskriminalamt, Technisches Hilfswerk und Spezialisten und Experten für die betroffene Region. Hier kommt auch die besondere Stärke unserer Auslandsvertretungen voll zur Geltung. Sie sind nicht nur als „Auge und Ohr" der Bundesregierung weltweit quasi „vor Ort". Sie können auch notwendige Verhandlungen mit Gastregierungen führen bzw. in Fällen von Naturkatastrophen eine Auffanginfrastruktur für die aus Deutschland anlaufende Hilfsmaschinerie bieten.

Mit Beiträgen zur Krisenfrüherkennung leistet das Krisenreaktionszentrum auch einen Beitrag zur Krisenprävention. Hinzu kommt, dass das Auswärtige Amt und das Verteidigungsministerium inzwischen in mehr als 60 Länder gemeinsame Krisenunterstützungsteams entsendet haben, die krisenrelevante Daten vor Ort erheben und Auslandsvertretungen bei der Vorbereitung von Eventualfallplanungen auf der Basis möglicher Krisenszenarien unterstützen. Vernetzung ist nicht nur ein wichtiger Bestandteil jeder Krisenreaktion sondern auch der Krisenvorsorge geworden.

1.4 „Leitlinien Fragile Staaten"

Ausgehend vom Auftrag des Koalitionsvertrags vom Oktober 2009, Konzepte für den Umgang mit fragilen und zerfallenden Staaten zu entwickeln, haben die Planungsstäbe des Auswärtigen Amtes, des Bundesministeriums der Verteidigung und des Bundesministeriums für Wirtschaftliche Zusammenarbeit und Entwicklung bis zum Frühjahr 2012 über mehrere Monate Leitlinien unter dem Titel „Für eine kohärente Politik der Bundesregierung gegenüber fragilen Staaten" entwickelt. Sie wurden dem Beirat Zivile Krisenprävention und im Bundestagsunterausschuss „Zivile Krisenprävention und vernetzte Sicherheit" vorgestellt und diskutiert und sollen in überarbeiteter Form im Herbst vom Kabinett verabschiedet werden.

Im Vordergrund stand dabei die Überlegung, wie eine engere Zusammenarbeit der Ressorts im Sinne des Konzepts Vernetzter Sicherheit konkret und praktisch vorangetrieben werden kann. Es beschreibt zunächst den Handlungsrahmen deutscher Politik gegenüber der ca. 40 Staaten umfassenden Gruppe fragiler Staaten, insbesondere die multilaterale Einbindung in die Bemühungen der VN, der EU und der NATO. In einem zweiten Schritt werden Ziele und Prinzipien definiert. Darin heißt es: „Wir zielen dabei auf eine Staatlichkeit, bei der institutionalisierte und rechtlich abgesicherte Mechanismen der politischen Teilhabe bestehen, in der die Menschenrechte geachtet und realisiert werden, gute Regierungsführung praktiziert wird und für alle Teile der Bevölkerung gleichberechtigter Zugang zu sozialen und wesentlichen Dienstleistungen besteht." Zugleich wird ein pragmatischer und realistischer Ansatz zugrundegelegt: „Ein politisches System kann nur dann mittel- bis langfristig stabil sein, wenn es auf lokalen Legitimitätsvorstellungen beruht." Klar ist aber auch: „Diese kulturelle Offenheit findet ihre Grenze, wenn die universellen Menschenrechte verletzt werden."

Entscheidender Bestandteil der Leitlinien sind Empfehlungen. Hier geht es zum einen um einen langfristigen Ansatz, um einen angemessenen Einsatz von Ressourcen sowie um die Definition von Schlüsselfähigkeiten und Kernkompetenzen des deutschen Engagements. Zur Umsetzung dieses Ansatzes wird die Einrichtung von länder- und regionenspezifischen *Task Forces* angeregt, einberufen und geleitet durch die zuständigen Regionalbeauftragten des Auswärtigen Amtes. Die ressortübergreifenden *Task Forces* sollen, auch durch Rückgriff auf die Botschaften sowie auf zusätzliche Expertise von *Think Tanks* und NGOs, für ein gemeinsames Lagebild sorgen und die Maßnahmen auf nationaler wie auf internationaler Ebene koordinieren. In den letzten Monaten ist dieses Modell mit der „*Task Force* Sudan" unter Vorsitz des Afrikabeauftragten des Auswärtigen Amtes bereits erfolgreich getestet worden. Die aktuelle *Task Force* Sahel wird weitere Aufschlüsse liefern.

Andere Staaten sind mit einem auf Dauer angelegten ressortübergreifenden Koordinierungsinstrument einen anderen Weg gegangen (*Stabilization Unit* in Großbritannien, *Bureau of Conflict and Stabilization Operations* im US State Department), beide allerdings mit durchaus gemischten Erfahrungen zur Durchsetzungsfähigkeit eines vernetzten Ansatzes auf diesem weniger flexiblen Wege. Das Strukturelement der *Task Forces* soll daher nach Jahresfrist auf die Wirksamkeit der Koordinierung überprüft werden, bevor weitergehende Strukturempfehlungen gegeben werden.

2 „Netzwerkorientierte Außenpolitik": für ein neues außenpolitisches Leitbild in der Globalisierung

Ausgangspunkt des ursprünglichen Konzepts Vernetzter Sicherheit war die Erkenntnis, dass Friedenssicherung ein breites Spektrum von krisenpräventiven Experteneinsätzen bis hin zur bewaffneten Friedenserzwingung umfasst und dass es in den unterschiedlichen Intensitäten und Stadien der Konflikte des Zusammenspiels zahlreicher Akteure innerhalb und außerhalb der Kernressorts der Sicherheitspolitik bedarf.

In einer Zwischenbilanz der letzten Jahre – und dafür muss man eigentlich weiter zurückgehen als bis zum Weißbuch 2006 (Bundesministerium der Verteidigung 2006) – hat die Umsetzung dieses Konzepts in das konzeptionelle Denken und das operative Handeln der Bundesregierung erhebliche Fortschritte gemacht. Mehr noch: Vernetzte Sicherheit hat sich als wegweisend für die Richtung erwiesen, in die die übrigen Bereiche der Außenpolitik sich entwickeln müssen.

Wenn wir mit Blick auf die kommenden Jahre nachdenken über die Substanz des Konzepts der Vernetzten Sicherheit und über die noch zu ziehenden ressortübergreifenden Konsequenzen, dann wird offensichtlich, dass die verbleibenden Herausforderungen nicht allein organisatorischer und struktureller Natur sind. Sie erstrecken sich auch auf das gemeinsame Verständnis des zugrunde gelegten Sicherheitsbegriffs (Wittkowsky und Meierjohann 2011, S. 4) und auf die Fortentwicklung des außenpolitischen Umfelds insgesamt.

Durch Globalisierung und die damit verbundene Komplexität, Verdichtung und Machtdiffusion werden sich die Substanz und das „Handwerk" der Außenpolitik grundlegend verändern. „Netzwerkdenken" wird zum Imperativ des gesamten Spektrums außenpolitischen Handelns werden. Und Vernetzte Sicherheit wird zunehmend einzubetten sein in ein übergreifendes Konzept einer „netzwerkorientierten Außenpolitik", das nachfolgend skizziert wird.

2.1 Diffusion der Macht: Neue Akteure, neue Themen

Angesichts der immer deutlicher zutage tretenden Auswirkungen des Klimawandels, der Krisen um knapper werdende Rohstoffe, der Finanzkrise und der andauernden Krise in der Eurozone ist nicht nur der Sicherheitsbegriff um fundamentale Kategorien wie die Stabilität des globalen Finanzsystems erweitert worden. Wir haben es durch Globalisierung und Digitalisierung auch mit einer immer stärkeren Ausdifferenzierung der – staatlichen und nichtstaatlichen – außenpolitischen Akteure zu tun, die die Steuerung außenpolitischer Prozesse vor ganz neue Herausforderungen stellt. Diese Ausdifferenzierung wird gleichermaßen durch neue transnationale Politikfelder vorangetrieben (dazu gehören auch, um nur die naheliegendsten zu nennen, Nahrungsmittelversorgung bzw. -knappheit; Wasserversorgung; Energiesicherheit; Migrationsströme; Pandemien; Cybersicherheit), die bisher außen- und sicherheitspolitisch wenig aktive Akteure ins Spiel bringen. Die rasante Digitalisierung all unserer Aktionsräume schafft ein nie da gewesenes Maß an Transparenz, Informationsverfügbarkeit und Kampagnenfähigkeit und senkt dadurch v. a. die „Eintrittsschwelle" für nichtstaatliche Akteure in außenpolitisch relevantes Handeln drastisch und erhöht die Fähigkeit, öffentliche Aufmerksamkeit zu mobilisieren.

Joseph Nye beschreibt es in seinem jüngsten Buch „The Future of Power" über die Machtverteilung im 21. Jahrhundert so: "Two great power shifts are occurring in this century: a power transition among states and a power diffusion away from all states to nonstate actors" (Nye 2011, p. xv).

Diese doppelte Machtverschiebung ist zum einen eine Herausforderung an die Substanz deutschen und europäischen sicherheitspolitischen Denkens – die Frage der Zieldefinition von Sicherheitspolitik im Zeitalter eines immer weiter aufgefächerten Sicherheitsbegriffs und der „strategischen Vernetzung" mit neuen Partnern.[1] Die zweite, nicht minder bedeutsame Herausforderung ist die der „operativen Vernetzung" innerhalb der proliferierenden Zahl außenpolitischer Akteure auf nationaler Ebene. Ob sie gelingt, wird darüber entscheiden, ob unsere politischen Systeme überhaupt (noch) schlüssige und kohärente außenpolitische Positionen entwickeln und in internationale Verhandlungsprozesse einspeisen können. Gerade für offene Gesellschaften wie westliche Demokratien stellt sich die Herausforderung, dass daraus kein Nachteil bei globalem (Ver-)Handeln gegenüber autokratischen Regimen entstehen sollte.

2.2 „Globalisierung gestalten": ein Konzept für den Umgang mit neuen Mächten

Im Februar 2012 verabschiedete das Bundeskabinett das Konzept der Bundesregierung „Globalisierung gestalten – Partnerschaften ausbauen – Verantwortung teilen" (Bundesregierung 2012). Ausgangspunkt des Konzepts ist die wachsende Zahl nicht nur wirtschaftlich aufstrebender, sondern auch politische Gestaltungsansprüche formulierender Staaten, ohne die regionale oder gar globale Konfliktlösungen schon heute kaum mehr möglich sind. Diese Länder werden anhand von „Gestaltungsfähigkeit und Gestaltungswillen in regionalen und internationalen Zusammenhängen" definiert. Die Liste der „neuen Gestaltungsmächte" ist daher bewusst nicht abschließend definiert. Die Bundesregierung, heißt es im Konzept, „will mit Partnern zusammenarbeiten, um die globalisierte, interdependente und multipolare Welt durch eine regelbasierte sowie multilateral und global ausgerichtete Ordnungspolitik über legitime und effektive internationale Institutionen zu prägen. Globale öffentliche Güter wollen wir gemeinsam bereitstellen und schützen" (Bundesregierung 2012, S. 7). Um die Agenda deutscher Außenpolitik mit diesen Län-

---

[1] Schon beim Begriff der vernetzten Sicherheit im Weißbuch 2006 gab es Vorwürfe einer "Entgrenzung" des Sicherheitsbegriffs. Je nach ideologischer Ausrichtung wurde dahinter entweder eine "Militarisierung" der Außenpolitik oder im Gegenteil eine Fehlsteuerung des militärischen Instrumentariums zum Zwecke des Brückenbauens und Brunnenbohrens vermutet.

dern systematisch zu verbreitern, werden sechs vorrangige Aktionsfelder umrissen, auf die sich die Zusammenarbeit konzentrieren soll: 1) Frieden und Sicherheit, 2) Menschenrechte und Rechtsstaatlichkeit, 3) Wirtschaft und Finanzen, 4) Ressourcen, Ernährung und Energie, 5) Arbeit, Soziales und Gesundheit, 6) Entwicklung und Nachhaltigkeit.

Neben dem Anspruch einer inhaltlichen Verbreiterung der Partnerschaften und dem Ziel einer Vernetzung mit diesen Ländern entlang der im europäischen und transatlantischen Verhältnis bewährten Dichte auch über Regierungsstrukturen hinaus buchstabiert das Gestaltungsmächtekonzept aber v. a. erstmals im Detail Abstimmungsverfahren und -strukturen innerhalb der Bundesregierung aus. „Die einzelnen Fachpolitiken", heißt es dort, sind „zielgerichtet zu einem übergreifenden und umfassenden Globalisierungskonzept (…) zu verzahnen" (Bundesregierung 2012, S. 54). Im Innenverhältnis der Ressorts sollen zum einen „Länderstrategie-Ressortkreise" aufgebaut werden, um die im Konzept formulierten allgemeinen Zielvorgaben in konkrete bilaterale Vorhaben umzusetzen. Unbeschadet fachlicher Zuständigkeiten führt den Vorsitz dieser Ressortkreise grundsätzlich das Auswärtige Amt. Die Auslandsvertretungen sind in die Erarbeitung der Länderstrategien eingebunden. Ihnen fällt die Aufgabe zu, die Umsetzung der Strategie vor Ort zu koordinieren und sie gegenüber unseren Partnern im Ausland zu vertreten.

Um das ambitionierte Ziel einer größeren Transparenz und größeren Kohärenz deutscher Außenpolitik auch technisch zu unterstützen, sieht das Konzept außerdem den Aufbau eines Dialoginformationssystems (DILGIS) vor (Bundesregierung 2012, S. 55). Darin sollen Informationen aus und zu den Abstimmungen der Bundesregierung mit den neuen Gestaltungsmächten in den vielen schon laufenden Dialog- und Kooperationsformaten eingestellt und aktuell gehalten werden. So sollen zum einen Doppelungen vermieden werden. Zum anderen erleichtert die hergestellte Transparenz innerhalb der Regierung auch die Übernahme von *Best Practice*-Beispielen bilateraler Zusammenarbeit. Dies gilt sowohl innerhalb der Strukturen des Auswärtigen Amtes als auch unter den Ressorts.

Mit dem Gestaltungsmächtekonzept geht die Bundesregierung nicht nur einen neuen Weg, um jenseits der üblichen regionalspezifischen Strategien auf die veränderten Herausforderungen einer funktionierenden *Global Governance* zu reagieren und damit einen Beitrag zu einer an heutige Erfordernisse angepassten vernetzten Sicherheitspolitik zu leisten. Sie entwickelt auch die eigenen Plattform- und Koordinierungsinstrumente weiter, die schon im Lateinamerikakonzept vom August 2010 (Bundesregierung 2010) und stärker noch im Afrikakonzept vom Juni 2011 (Bundesregierung 2011) angelegt sind. Dort wird zur Herstellung besserer Kohärenz auf die Einrichtung von „Steuerungskreisen" zu bestimmten Programmen und Politikbereichen Bezug genommen, mittels derer das Auswärtige Amt einen einheitlichen Rahmen für die deutsche Afrikapolitik sicherstellen soll.

In ihrer ausgeprägtesten Form findet diese Bündelung einzelner Fachpolitiken zu einer schlüssigen und zugleich umfassend angelegten Kooperation ihren Ausdruck in Regierungskonsultationen auf Kabinettsebene. Dieses in der Zusammenarbeit mit Frankreich seit Jahrzehnten erprobte und mittlerweile auch auf Länder wie Italien, Polen, Israel oder Russland ausgedehnte Format unter Vorsitz der Bundeskanzlerin fand 2011 erstmals auch mit China und mit Indien statt. Es bekräftigt den politischen Willen zu einer breiten Abstimmung und bietet darüber hinaus auch der Arbeitsebene enorme Chancen durch die Bündelung und Zusammenschau sämtlicher über die Regierungsinstitutionen verstreuter Aktivitäten – eine Rolle, die dem Auswärtigen Amt als koordinierender Behörde zufällt. Daneben gibt es eine Reihe ressortübergreifender, in fest vereinbarten Intervallen stattfindender Regierungskonsultationen, bei denen der Außenminister den Vorsitz der deutschen Delegation übernimmt, etwa bei der Deutsch-Südafrikanischen Binationalen Gemischten Kommission oder beim Deutsch-Palästinensischen Lenkungsausschuss.

Ein zentraler Bestandteil für die Wirkungskraft der neuen Strategie ist ihre Anbindung an und Rückkopplung mit der europäischen Ebene. Im Konzept selbst heißt es: „Die Bundesregierung will die strategischen Partnerschaften der EU, wie z. B. mit China, Indien, Brasilien, Mexiko und Südafrika, als ein vielversprechendes Instrument für die Zusammenarbeit mit neuen Gestaltungsmächten weiterentwickeln" (Bundesregierung 2012, S. 9). Die Entwicklung dieser „strategischen Partnerschaften" ist eine Kernaufgabe des mit dem Vertrag von Lissabon neu geschaffenen Europäischen Auswärtigen Dienstes (EAD). Der EAD steht dabei vor einer doppelten Herausforderung: zum einen die gesamten in den EU-Institutionen verstreuten Aktivitäten zu bündeln – hier insbesondere auch die voll in Gemeinschaftszuständigkeit liegenden Kompetenzen für Außenhandel – sowie die Schnittstelle zwischen europäischer und nationaler Ebene so zu definieren, dass die EU-Gipfel mit den Partnerländern einen echten Mehrwert bieten. Dass dies noch beträchtlicher Arbeit und auch der Unterstützung aus den Mitgliedstaaten bedarf, macht nicht zuletzt ein Blick auf das europäisch-chinesische Verhältnis deutlich (Parello-Plessner und Kundnani 2012). Gelingt es, hier auf europäischer Ebene einen größeren Beitrag zu einer vernetzten Außenpolitik zu organisieren, würde damit gleichwohl eine Lücke geschlossen, die Mitgliedstaaten schon heute alleine nicht (mehr) füllen können, auch nicht Deutschland als mit Abstand größter europäischer Handelspartner Chinas.

2.3 Rolle des Auswärtigen Amts im Rahmen einer „netzwerkorientierten Außenpolitik"

Das zu Zeiten der deutschen Wiedervereinigung verabschiedete Gesetz über den Auswärtigen Dienst enthält in seinem Artikel 1 Absatz 2 eine klare Vorgabe: „Aufgabe des Auswärtigen Dienstes ist es insbesondere, (…) die außenpolitische Beziehungen betreffenden Tätigkeiten von staatlichen und anderen öffentlichen Einrichtungen der Bundesrepublik Deutschland im Ausland im Rahmen der Politik der Bundesregierung zu koordinieren."

Wie aber kann eine solche Koordinierung noch sichergestellt werden in einer Welt, in der von einem Monopol auf die Gestaltung der auswärtigen Beziehungen beim besten Willen keine Rede mehr sein kann? In einer Welt, in der jedes Ministerium über Referate oder ganze Abteilungen für internationale Beziehungen verfügt und die jeweiligen Fachpolitiken über nationale Grenzen hinweg europäisch, im G20- oder im VN-Rahmen konsultiert werden? Schon heute gibt es in den Ressorts außerhalb des Auswärtigen Amtes über 100 mit Außenpolitik befasste Referate und Arbeitseinheiten, mehr als im AA selbst. Statt die wachsenden internationalen Aktivitäten anderer Ressorts im fälschlichen Glauben an ein „Nullsummenspiel" als Bedeutungsverlust des Auswärtigen Amtes wahrzunehmen oder gar zu beklagen, wie es immer wieder passiert, sollte diese Ressortvernetzung zunächst schlicht als Teil der Globalisierungswirklichkeit verstanden werden. Diese Verflechtung von Fachpolitiken über Grenzen hinweg folgt logisch dem Problemdruck transnationaler Herausforderungen und ist in diesem Sinne eine funktionale Anpassung an eine neue internationale Umwelt. Zugleich aber wird immer deutlicher, dass die

Summe internationalisierter Fachpolitiken noch keine Außenpolitik ergibt. Mit anderen Worten: Für all die „Komponenten" internationaler Verflechtung, die die Ressorts produzieren, braucht es eine „Systemintegration", um das Zusammenwirken dieses komplexen Systems sicherzustellen. Das dient nur in einem ersten Schritt der Herstellung von Transparenz, muss aber sehr viel weiter gehen. Lösungen für globale Probleme, das zeigen etwa die internationalen Klimaverhandlungen, lassen sich nur noch über komplexe „Pakete" aushandeln, in denen ganz unterschiedliche nationale Interessen der vielen Spieler „bedient" werden müssen. Zugeständnisse in der Emissionsminderung können so bspw. „eingetauscht" werden gegen Zugeständnisse in ganz anderen Politikfeldern und Verhandlungsforen. Wo aber sollen die unterschiedlichen Interessenlagen analysiert werden und wo können *Linkages* entwickelt und getestet werden, wenn nicht dort, wo die Informationen aus den Hauptstädten dieser Welt zusammenlaufen?

Die Aufgabe des Auswärtigen Amtes ist daher nicht weniger wichtig als zu Zeiten der deutschen Vereinigung und sie muss auch gegenüber der GAD-Formel[2] von 1990 nicht neu formuliert werden. Sie muss allerdings neu verstanden und organisiert werden: nicht in Konkurrenz zu anderen Ressorts, sondern komplementär zu ihnen. Dem Auswärtigen Amt kommt – wie beispielhaft im Gestaltungsmächtekonzept beschrieben – eine Plattformfunktion für die Bündelung und Integration ganz unterschiedlicher Fachpolitiken zu einer schlüssigen Außenpolitik zu. Dafür verfügt es über zwei Schlüsselqualifikationen: zum einen das weltumspannende Netz von mehr als 220 Auslandsvertretungen, die selbst als Plattformen der unterschiedlichsten Kooperationsfelder im Ausland fungieren und diese gegenüber dem Gastland bündeln, vertreten und umsetzen. Zum anderen der durch das einzigartige Rotationssystem aufgebaute Erfahrungs- und Wissensschatz der Mitarbeiterinnen und Mitarbeiter des Auswärtigen Dienstes. Ihre Ländererfahrung und ihr interkultureller Könnensvorsprung sind eine „menschliche Ressource" von enormem Wert, gerade auch in komplexen Verhandlungssituationen. Für die Aufgaben der Zukunft wird es entscheidend darauf ankommen, im Auswärtigen Dienst die Fähigkeit zu strategischem Denken als Kernkompetenz weiter zu stärken. Denn nicht nur im Ausland, sondern auch in der Zentrale wird ihre Aufgabe immer stärker in der Integration und Koordinierung der unterschiedlichsten, vielfach hochspezialisierten Fachpolitiken bestehen. Es geht folglich nicht um eine Konkurrenz mit dem Fachressort, sondern um den „Mehrwert", der durch die internationale Kontextualisierung der jeweiligen fachpolitischen Ziele produziert werden kann. Erst dadurch werden sinnvolle und fundierte Abwägungs- und Priorisierungsentscheidungen überhaupt ermöglicht.

Dieser Paradigmenwechsel verlangt den Sprung von einem außenpolitischen Handwerk, das andere nur beteiligt, wo es unbedingt nötig ist, zu einem, das beteiligt, wo immer es möglich ist.

Eine Konsequenz dieses Paradigmenwechsels ist eine gezieltere und aktiver betriebene personelle Vernetzung der Ressorts. Was an den meisten deutschen Vertretungen im Ausland längst gang und gäbe ist – entwicklungspolitische Referenten aus dem Bundesministerium für wirtschaftliche Zusammenarbeit und Entwicklung (BMZ), Referenten aus dem Bundesministerium der Finanzen (BMF), der Bundesbank, aus dem Bundesministerium für Ernährung, Landwirtschaft und Verbraucherschutz (BMELV), aus dem

---

2 Gesetz über den Auswärtigen Dienst vom 30. August 1990.

Bundesministerium für Umwelt, Naturschutz und Reaktorsicherheit (BMU), Verteidigungsattachés, und andere mehr – sollte auch zwischen den Zentralen in Berlin gepflegt werden. Mehr Diplomatische Berater in anderen Häusern und im Gegenzug Austauschbeamte im Auswärtigen Amt. Die gegenseitige Befruchtung von vertieftem Sachverstand in immer neuen Politikbereichen und von strategisch ausgerichtetem, international geschultem Denken wird die Ressortegoismen nicht vollständig überwinden, würde aber doch helfen, sie abzumildern, das gegenseitige Verständnis zu fördern und stärker im Sinne eines Ganzen zu agieren – so wie es im Ausland selbstverständlich ist und von allen als Gewinn empfunden wird. Hier sollten wir rasch vorangehen. „Testerfahrungen" liegen reichlich vor.

Wenn diese Vernetzungsschritte zwischen den Ressorts gelingen (und die Ansätze sind gemacht, ob ganz praktisch und alltäglich im Krisenreaktionszentrum, konzeptionell im neuen Gestaltungsmächtekonzept, oder durch Integration von Fachspezialisten an Botschaften), dann lässt sich die Vernetzung auch weit über den Kreis der Regierungsbehörden hinaus gewinnbringend ausbauen. Längst bestehen enge Konsultationsformate mit NGOs, ob zur humanitären Hilfe oder zum Menschenrechtsschutz, mit den Mittlern der Auswärtigen Kulturpolitik, mit Think Tanks oder mit Wirtschaftsverbänden, Unternehmen und Kirchen. Aber auch hier gilt es, den Austausch als Zweibahnstraße zu begreifen: Input an Ideen und Interessen von außerhalb einerseits, Vermittlung eigener Positionen und Multiplikatoreneffekte für staatliche Außenpolitik andererseits. Das bedeutet keine Vereinnahmung, sondern die Schaffung der größtmöglichen Schnittmenge.

3 Schlussbetrachtung

In ihrem Aufsatz *„America's Edge: Power in the Networked Century"* schrieb die amerikanische Politikprofessorin Anne-Marie Slaughter Anfang 2009 *„the measure of power is connectedness"* (Slaughter 2009, S. 94). Erfolgreiche Vernetzung im Sinne nationaler Politikziele ist aber nicht allein ein Strukturfrage: *„The power that flows from this type of connectivity is not the power to impose outcomes. Networks are not directed and controlled as much as they are managed and orchestrated"* (S. 99). Und weiter: *„Government officials must (...) learn to orchestrate networks of these actors and guide them toward collaborative action"* (S. 112). Auch eine vernetzte Außenpolitik kommt nicht ohne Führung aus, eher im Gegenteil: durch die zunehmende Transparenz wächst die Zahl der Anspruchsgruppen sowie der Druck auf Entscheidungsfindung durch erhöhte Geschwindigkeit. Aber ihr Charakter ändert sich: Einbinden, Befähigen, netzwerkbasiertes Führen, Führen ohne formelle Autorität und über Sektorgrenzen hinweg gewinnen an Bedeutung (Leipprand 2012).

Das Konzept Vernetzter Sicherheit, wie im Weißbuch 2006 (Bundesministerium der Verteidigung 2006) beschrieben, reflektierte die neue Realität einer Friedens- und Sicherheitspolitik, die die Szenarien der gegenseitig gesicherten Zerstörung als wahrscheinlichster Einsatzoption hinter sich gelassen hatte und mit der komplexeren, komplizierteren, kleinteiligeren Welt ethnisch, religiös und ökonomisch motivierter Konflikte umzugehen hatte. In den letzten 5 Jahren haben Komplexität, digitale Beschleunigung und Machtdiffusion dramatisch zugenommen. Die Staatenwelt sieht ihre Steuerungsfähigkeit auf sehr grundsätzliche Weise in Frage gestellt. Zugleich aber gewinnen in der polyzentrischen, ausdifferenzierten Welt des 21. Jahrhunderts Faktoren wie kulturelle Attraktivität und die Lernfähigkeit komplexer Systeme an Bedeutung. Kein Grund also, einer simplen Machtverschiebung von West nach Ost das Wort zu reden. Wir leben in einem Zeitalter der Fragilität. Ansätze einer funktionierenden *Global Governance* sind ebenso zerbrechlich wie viele nationale politische Systeme, die dem Schraubstock von Globalisierungsverwerfungen einerseits und Erwartungsdruck der national verfassten Wählerschaft andererseits nur mit Mühe standhalten können.

In einem solchen, sich rasch weiterentwickelnden Umfeld bietet eine netzwerkorientierte Außenpolitik die beste Chance, Frühwarnung, Planung, Austausch und Koordinierung zu gewährleisten und das komplexe Zusammenwirken aller staatlichen Stellen und nichtstaatlichen relevanten Akteure sicherzustellen. Im Englischen wird das Konzept der „vernetzten Sicherheit" häufig auch als *Whole of Government*-Ansatz übersetzt. Dieser Begriff deckt zugleich auch die hier skizzierten Grundlagen einer „netzwerkorientierten Außenpolitik" ab und demonstriert damit die gedankliche Nähe und Verbindung beider Ansätze. Führung und Verantwortung für die Gesamtheit eines in diesem System entwickelten Politikansatzes muss von der Spitze ausgehen. Vorstellungen aber, das Zusammenführen dieser vielen Fäden sollte allein im Steuerungszentrum der Bundesregierung geschehen, verkennen die Komplexität der außenpolitischen Herausforderung Wenig spricht dafür, ein derart komplexes System durch Zentralisierung effizient machen zu wollen.

Im Mittelpunkt des Konzepts steht der „vernetzte Diplomat". Im Ausland längst eine Selbstverständlichkeit, steht er vor der Aufgabe, diese Rolle auch bei Integration und Koordinierung der deutschen Außenpolitik und den immer zahlreicheren Akteuren im Inland voll anzunehmen und auszufüllen. Und wem das alles viel zu weit entfernt klingt von einem klassisch geprägten Diplomatieverständnis, dem sei zum Abschluss gesagt: Auch im Zeitalter der Digitalisierung gilt Bismarcks (von Bülow überliefertes) Diktum „Diplomatie ist Arbeit in Menschenfleisch".

Literatur

Bundesministerium der Verteidigung. (2006). Weißbuch 2006 zur Sicherheitspolitik Deutschlands und zur Zukunft der Bundeswehr. http://www.weissbuch.de. Zugegriffen: 30. Mai 2012.
Bundesregierung. (2004). Aktionsplan „Zivile Krisenprävention, Konfliktlösung und Friedenskonsolidierung". http://www.auswaertiges-amt.de/cae/servlet/contentblob/384230/publicationFile/4345/Aktionsplan-De.pdf. Zugegriffen: 30. Mai 2012.
Bundesregierung. (2010). Deutschland, Lateinamerika und die Karibik, Konzept der Bundesregierung. http://www.auswaertiges-amt.de/cae/servlet/contentblob/367294/publicationFile/93965/LAK-Konzept.pdf. Zugegriffen: 30. Mai 2012.
Bundesregierung. (2011). Deutschland und Afrika, Konzept der Bundesregierung. http://www.auswaertiges-amt.de/cae/servlet/contentblob/581096/publicationFile/155311/110615-Afrika-Konzept-download.pdf. Zugegriffen: 30. Mai 2012.
Bundesregierung. (2012). Globalisierung gestalten – Partnerschaften ausbauen – Verantwortung teilen, Konzept der Bundesregierung. https://www.auswaertiges-amt.de/cae/servlet/contentblob/608384/publicationFile/165779/Gestaltungsmaechtekonzept.pdf. Zugegriffen: 30. Mai 2012.

Leipprand, T. (2012). *Jeder für sich und keiner fürs Ganze?* www.stiftung-nv.de/Fuehrungsstudie. Zugegriffen: 30. Mai 2012.
Link, M. (2012). 10 Jahre Zentrum für Internationale Friedenseinsätze. Rede vom 24.05.2012, http://www.auswaertiges-amt.de/DE/Infoservice/Presse/Reden/2012/120524_StM_L_Zehn_Jahre_ZIF.html. Zugegriffen: 30. Mai 2012.
Nye, J. (2011). *The Future of Power*. New York: Perseus Books.
Parello-Plessner, J., & Kundnani, H. (2012). *China and Germany: Why the Emerging Special Relationship Matters for Europe*, European Council on Foreign Relations Policy Brief.
Slaughter, A. (2009). America's Edge: Power in the Networked Century. *Foreign Affairs, 88*(1), 94–113.
Wittkowsky, A., & Meierjohann, J. (2011). *Das Konzept der vernetzten Sicherheit: Dimensionen, Herausforderungen, Grenzen*. Berlin: Zentrum für Internationale Friedenseinsätze.

Vernetzte Sicherheit: Erfahrungen in Afghanistan und Lehren für die Zukunft

Dirk Niebel

Zusammenfassung: Sicherheitspolitik trägt dazu bei, Gefahren zu vermeiden und abzuwehren. Entwicklungspolitik trägt dazu bei, Chancen zu entfalten. Beide Politikbereiche sind komplementär, denn nur so ist ein Leben in Freiheit auf Basis nachhaltiger, von lokalen Kräften (*Ownership*) getragenen politischen und gesellschaftlichen Strukturen möglich. Komplementarität zwischen Sicherheits- und Entwicklungspolitik ist entscheidend, um die gewünschten Wirkungen zu erzielen. Das setzt ein gegenseitiges Verständnis über die gemeinsamen Ziele sowie die Respektierung der komparativen Vorteile bzw. der Eigenheiten eines jeden Politikbereichs voraus. Wichtig sind darüber hinaus die enge gegenseitige Einbindung in ressortspezifische Planungsabläufe, kohärentes Handeln über alle Ebenen sowie eine aktive Informations- und Kommunikationspolitik, die den eigenen Bürgern, den Menschen in den Krisenregionen und den internationalen Partnern deutlich macht, für welche Ziele sich Deutschland einsetzt.

Schlüsselwörter: Freiheit · Lokale Verantwortung · Nachhaltiger Struktur- und Kapazitätsaufbau · Kohärentes Handeln · Information und Kommunikation

Networked Security: Experiences from Afghanistan and Lessons for the Future

Abstract: Security policy helps prevent and mitigate threats. Development policy is an enabler to provide opportunities. Security and development policy must go hand in hand in order to provide individual freedom in war-torn societies. Mutual support is also needed to leverage local ownership in order to establish long-lasting local capacities and institutions. Networked security aims at the provision of joint outcomes by coordinating activities in many different areas. Coordination depends on knowledge about each actor's strengths and respect for each partner's core competencies. Smooth daily operations are impossible without systematic integration into each other's planning assumptions and planning processes as well as coherent action at all levels of planning, decision-making, and implementation. In addition, active communication plays a key role to inform German citizens, people living in crisis zones, as well as international partners why Germany acts abroad.

© VS Verlag für Sozialwissenschaften 2012

Dirk Niebel ist Bundesminister für wirtschaftliche Zusammenarbeit und Entwicklung, MdB.

D. Niebel (✉)
Bundesministerium für wirtschaftliche Zusammenarbeit und Entwicklung,
Stresemannstr. 94, 10963 Berlin, Deutschland
E-Mail: dirk.niebel@bmz.bund.de

Keywords: Active communication · Coherent action · Freedom · Local ownership · Capacity building · Institution building

1 Schwerpunkte und Schlüsselbereiche deutscher Entwicklungspolitik

Das Bundesministerium für wirtschaftliche Zusammenarbeit und Entwicklung feiert in diesem Jahr seinen 50. Geburtstag und blickt auf ereignis- und erfolgreiche Jahre deutscher Entwicklungspolitik zurück. Einen wesentlichen Wandlungsprozess hat in all diesen Jahren das Verhältnis der Entwicklungspolitik zur Sicherheitspolitik durchlaufen: Konsens ist heute, dass Entwicklung und Sicherheit eng miteinander verbunden sind.

Im folgenden Beitrag wird es im Kern um dieses Verbindung von Sicherheits- und Entwicklungspolitik gehen. In diesem Zusammenhang wird aber auch aufzuzeigen sein, dass Entwicklungspolitik nicht als ein der Sicherheitspolitik untergeordnetes Instrument aufzufassen ist, sondern als ein seinen besonderen Beitrag leistendes Politikfeld. Und: Entwicklungspolitik ist mit weit mehr Politikfeldern als der Sicherheitspolitik eng und unabdingbar verzahnt. Um Entwicklungspolitik im Rahmen Vernetzter Sicherheit einordnen zu können ist es daher notwendig, zunächst kurz auf die Prioritäten der deutschen Entwicklungspolitik einzugehen.

Freiheit ermöglichen – das ist Leitmotiv der deutschen Entwicklungspolitik. Menschen sollen ohne materielle Not selbstbestimmt und eigenverantwortlich ihr Leben gestalten können. Eine wichtige Aufgabe ist deshalb, die Armutsursachen in der Welt zu bekämpfen und zur Lösung drängender globaler Zukunftsaufgaben beizutragen. Kurz gesagt: Entwicklungspolitik will weltweit Lebenschancen schaffen. Solche Entwicklungspolitik ist eine Frage von globaler Verantwortung, und sie liegt in unserem Interesse.

Wir verstehen dieses als Teil der internationalen Gemeinschaftsaufgabe, um die mit der Millenniumserklärung beschlossene globale Partnerschaft für Entwicklung zu verwirklichen und die Millenniumsentwicklungsziele zu erreichen. Wir wollen Strukturdefizite abbauen und stärken dazu demokratische Strukturen, gute Regierungsführung und die Eigenverantwortung unserer Kooperationspartner. Wir fördern und fordern und nehmen die Regierungen unserer Partnerländer verstärkt in die Pflicht.

Wir wollen die Wirksamkeit der Entwicklungszusammenarbeit stärken. Das ist eine große Aufgabe sowohl in unseren Partnerländern, der Gebergemeinschaft als auch in unseren eigenen Strukturen. Mit der Fusion der drei Institutionen der technischen Zusammenarbeit zur neuen Deutschen Gesellschaft für internationale Zusammenarbeit (GIZ) sind wir hier in unseren eigenen Strukturen einen großen Schritt vorangekommen. Wir wollen dadurch auch die Sichtbarkeit unserer Arbeit verbessern: Erfolgreiche Entwicklungspolitik setzt die Unterstützung durch die Bürger voraus. Ohne diese Unterstützung können wir gerade in Zeiten knapper Kassen keine Haushaltsmittel für Entwicklung mobilisieren.

2 Die Herausforderung fragiler Staaten und die internationale Diskussion

Die meisten innerstaatlichen Gewaltkonflikte werden in Entwicklungsländern ausgetragen. Zweiundzwanzig der 34 am weitesten vom Erreichen der Millenniumsentwicklungsziele (*Millennium Development Goals*, MDGs) entfernten Länder sind Konflikt- oder Postkonfliktländer. Rund die Hälfte unserer Kooperationsländer ist fragil oder anfällig für Gewaltkonflikte.

Auch international ist das Thema fragile Staaten und *Statebuilding* ganz oben auf der Agenda. 2011 hat die Weltbank den 33. Weltentwicklungsbericht dem Thema „Konflikt, Sicherheit und Entwicklung" (World Bank 2011) gewidmet und damit Standards im internationalen Diskurs gesetzt. Der Bericht stellt heraus, dass Konflikt und Gewalt in vielen Entwicklungsländern wie eine Falle wirken: Armut, Perspektivlosigkeit, die Unsicherheit der eigenen Existenz befeuern Konflikte – gleichzeitig vernichten gewaltsam ausgetragene Konflikte immer auch Wohlstand und verhindern Lebensperspektiven. Erst die Befreiung aus diesen Zyklen der Gewalt ermöglicht weitere Entwicklung.

Als übergeordnetes Ziel der Konfliktbearbeitung benennt der Bericht die Wiederherstellung gesellschaftlichen Vertrauens und den Aufbau funktionierender, legitimer Institutionen. Um schwache Institutionen nicht zu überfordern, sind prioritär jene Sektoren zu unterstützen, die Vertrauen und Legitimität schaffen sowie schnelle Erfolge bei der Befriedigung zentraler Bedürfnisse der Bevölkerung ermöglichen. Der Bericht nennt hier Sicherheit, Gerechtigkeit und Arbeit. Dabei betont der Weltentwicklungsbericht, wie wichtig gute Regierungsführung ist: Gerade Länder mit schwachen Institutionen und schlechter Regierungsführung sind am anfälligsten für sich wiederholende Gewalt.

Über die entwicklungspolitischen Kreise hinaus spricht die Weltbank mit ihrem Bericht explizit auch außen- und sicherheitspolitische Akteure an. Ich begrüße das ausdrücklich, denn in der Koordination und Zusammenarbeit aller Akteure liegt der Schlüssel für wirksame entwicklungspolitische Arbeit in fragilen und von Konflikten betroffenen Staaten. Um dabei erfolgreich zu sein, dürfen wir nicht nur die staatlichen Akteure einbeziehen, wir brauchen Zivilgesellschaft und Wirtschaft. Diese Forderung war auch unser zentrales Anliegen im Rahmen der internationalen Konferenz zur Wirksamkeit der Entwicklungszusammenarbeit in Busan, Südkorea, Anfang Dezember 2011.

3 Unser Ansatz der Vernetzten Sicherheit

Ausgangspunkt klassischer Sicherheitspolitik ist die Sicherheit Deutschlands und unserer Verbündeten. Die deutsche Sicherheitspolitik ist dabei aber breit angelegt, sie bekennt sich zur Verantwortung Deutschlands in der Welt. Ziel der Entwicklungspolitik ist die Armutsbekämpfung in unseren Partnerländern. Sie ist auf Nachhaltigkeit angelegt und folgt daher dem Prinzip von *Ownership*, also Selbstverantwortung. Entsprechend geht Entwicklungspolitik zuerst von den Bedürfnissen der Kooperationsländer aus, sie orientiert sich dabei stets an unseren Werten und auch an unseren Interessen. Sicherheit ist aus Perspektive der Entwicklungspolitik mehr als die bloße Abwesenheit von Gewalt, sie umfasst z. B. auch politische, ökologische und soziale Aspekte. Dieses Verständnis wird mit dem Konzept der *Human Security* oder „menschlichen Sicherheit" erfasst, das das Sicherheitsverständnis auf individuellen Freiheiten erweitert.

Dieses umfassende Verständnis von Sicherheit umzusetzen, kann nur gelingen, wenn wir die unterschiedlichen Instrumente von Sicherheitspolitik, Außenpolitik und Entwicklungspolitik möglichst kohärent koordinieren und effizient nutzen. Genau darauf zielt der Ansatz der Vernetzten Sicherheit. Er bedeutet, dass allen Politikfeldern bei der Krisenprävention, der Krisenbewältigung und Friedenssicherung eigene Rollen zukommen, die sich im Gesamtrahmen ergänzen und gegenseitig unterstützen.

Wichtig ist mir dabei: Sicherheits- und Entwicklungspolitik agieren komplementär. Es geht also um gleichberechtigte Arbeitsteilung auf Augenhöhe. Eine sicherheitspolitische Strategie, die tiefer liegende strukturelle Probleme nicht berücksichtigt, ist nicht nachhaltig und damit genauso zum Scheitern verurteilt, wie ein zu enges entwicklungspolitisches Verständnis, das Sicherheitsaspekte und unsere Interessen grundsätzlich unberücksichtigt lässt.

Je schwieriger die Rahmenbedingungen, je fragiler und unsicherer das Umfeld, desto wichtiger wird ein kohärentes, aufeinander abgestimmtes Vorgehen. Das Engagement in Afghanistan hat verdeutlicht, dass die Aufgaben bei weitem zu komplex sind, als dass sie von Soldaten, Entwicklungsexperten oder Diplomaten allein gelöst werden könnten. Die Aufgabenteilung bleibt aber klar: Klassische Sicherheitspolitik zielt im Kern auf die Vermeidung und Abwehr von Gefahren, während Entwicklungspolitik im Kern auf die Entfaltung von Chancen setzt. Diese unterschiedlichen Rollen der Politikfelder und deren inhärente Prinzipien sind bei aller Vernetzung und Kohärenzerfordernis gesamtstaatlichen Engagements stets im Auge zu behalten.

4 Entwicklungszusammenarbeit im Konfliktkontext

Im Rahmen der Vernetzten Sicherheit ist es Aufgabe von Entwicklungspolitik, durch Verbesserung der politischen, wirtschaftlichen, sozialen und ökologischen Verhältnisse den Abbau struktureller Konfliktursachen zu unterstützen. So trägt sie wirkungsvoll zur Verhinderung von Konflikten sowie zu nachhaltiger Friedensentwicklung bei. Die deutsche Entwicklungszusammenarbeit bringt ihre Instrumente hierzu auf vielfältige Art und Weise in den Spannungszonen der Welt ein.

Konkrete Handlungsfelder reichen von Unterstützung bei der nachhaltigen Sicherung von Grundbedürfnissen (etwa Gesundheit, Ernährung) über Privatsektor- und Beschäftigungsförderung, Bildungsförderung, die Unterstützung beim Aufbau eines rechtsstaatlichen Justizwesens und dem Aufbau und der Konsolidierung staatlicher Institutionen bis hin zur Förderung zivilgesellschaftlicher und politischer Partizipation. Spezielle Aufgaben können auch die Förderung regionaler Sicherheitsarchitekturen, etwa der Afrikanischen Union (AU) oder der Westafrikanischen Wirtschaftsgemeinschaft (ECOWAS), Beiträge zu Sicherheitssektorreformen und zu *Disarmament Demobilization and Reintegration*, z. B. durch Programme zur Reintegration von Ex-Kämpfern, und die Unterstützung von *Transitional Justice*, also von Versöhnungsprozessen etwa durch Wahrheitskommission sein. Bei all diesen Aktivitäten muss die Förderung von Eigeninitiative im Vordergrund stehen.

Der spezifischer Mehrwert der Entwicklungspolitik für *Statebuilding* und *Peacebuilding* in fragilen Staaten liegt dabei darin, dass sie auf den Aufbau institutioneller und personeller Kapazitäten (also *Capacity Building* bzw. *Capacity Development*) „spezialisiert" ist, dass sie unterschiedliche Zeithorizonte berücksichtigt und einen Fokus auf langfristiges Engagement legt, dass sie meist einen guten Zugang zu staatlichen Entscheidungsträgern, aber auch verschiedenen gesellschaftlichen Gruppierungen hat und dass sie spätestens seit den Erklärungen von Paris, Accra und Busan auf Arbeitsteilung im Rahmen der Geberkoordinierung angelegt ist.

Letzterer Punkt ist mir sehr wichtig: Gerade in fragilen Staaten werden staatliche Strukturen durch unkoordiniertes Auftreten vieler Geber eher weiter geschwächt als gestärkt. Nicht jeder Akteur kann und muss in jedem Land alles machen. Eine effiziente Arbeitsteilung ist entscheidend für Wirksamkeit und Nachhaltigkeit. Vernetzung mit anderen bilateralen Gebern, mit multilateralen Organisationen wie Weltbank, den vielen Organisationen innerhalb der Vereinten Nationen und den regionalen Entwicklungsbanken sowie auf europäischer Ebene ist hierzu Voraussetzung.

Deshalb ist es mir z. B. wichtig, dass über den Südsudan, der neu als Staat auf unseren Landkarten verzeichnet ist, kein „Gebertsunami" hereinbricht, sondern dass zumindest im EU-Kreis ein einheitliches Auftreten über ein sogenanntes *Joint Programming* erreicht werden kann. Die Gespräche darüber mit der EU-Kommission befinden sich auf einem guten Weg.

Der arabische Frühling hat uns vor Augen geführt, dass Staaten, in denen Menschen- und Bürgerrechte unterdrückt werden, langfristig nicht stabil sein können. Entwicklungszusammenarbeit muss zivilgesellschaftliche und privatwirtschaftliche Kräfte stärken und damit zur Entwicklung stabiler Gesellschaften beitragen. Auch deshalb ist mir Vernetzung mit Zivilgesellschaft und Wirtschaft ein wichtiges Anliegen.

So haben wir als deutsche Entwicklungspolitik jüngst auf die Ereignisse des „arabischen Frühlings" in Nordafrika und dem Nahen Osten reagiert und drei Fonds aufgelegt, um die beginnenden Transformationsprozesse zu unterstützen. Neben direkter Demokratieförderung, besonders über die politischen Stiftungen, habe ich die Förderung von beruflicher Ausbildung und die Förderung privatwirtschaftlichen Engagements, gerade von Existenzgründern, in den Mittelpunkt gestellt. Damit fördern wir v. a. demokratische Kräfte der Zivilgesellschaft, die sich für einen friedlichen Wandel einsetzen.

5 Vernetzte Sicherheit am Beispiel Afghanistans

Man kann schon an den Bemerkungen zum „arabischen Frühling" und zum Südsudan erkennen: Afghanistan ist bei weitem nicht das einzige Aktionsfeld für unseren Ansatz der Vernetzten Sicherheit. Gleichwohl: Nirgends ist eine enge Abstimmung zwischen den militärischen, polizeilichen, diplomatischen und entwicklungspolitischen Akteuren augenblicklich so wichtig wie hier.

Am 13. Dezember 2011 wurde die Leitung des *Provincial Reconstruction Team* (PRT) Faisabad im Rahmen einer feierlichen Zeremonie in rein zivile Hände übergeben. Diese Übergabe bedeutet mehr als die Übertragung von Verantwortung von einem Akteur auf einen anderen. Sie ist symbolträchtiger Ausdruck gelungener Vernetzter Sicherheit und eines Prozesses, in dem die militärische Komponente reduziert und zugleich die zivile Unterstützung für die Menschen in Afghanistan bekräftigt wird.

Deutschland möchte ein friedliches, die Menschenrechte achtendes und sich wirtschaftlich und sozial entwickelndes Afghanistan, das Terroristen keinen Rückzugsraum mehr bietet. Dies ist auch für die Menschen in Europa ein Zugewinn an Sicherheit. Die Bundesregierung hat deshalb ihren Mitteleinsatz für zivilen Wiederaufbau und Entwicklung in Afghanistan seit 2010 im Vergleich zu den Vorjahren fast verdoppelt: auf bis zu 430 Mio. € pro Jahr bis 2013. Bis zu 250 Mio. € davon kommen allein aus dem Etat des Bundesentwicklungsministeriums. Deutschland ist damit der größte europäische Geber in Afghanistan und nach den Vereinigten Staaten und Japan der drittgrößte weltweit.

Damit haben wir – neben unserem militärischen Engagement im Rahmen von ISAF – Mittel für eine zielgerichtete „Entwicklungsoffensive" bereitgestellt. Auch die Mitarbeiterzahl in unseren staatlichen entwicklungspolitischen Durchführungsorganisationen ist deutlich angewachsen, auf über zweitausend Personen, darunter 380 internationale Entsandte (Stand 1. Januar 2012).

In enger Absprache mit unseren afghanischen Partnern konzentriert sich das deutsche Aufbau- und Entwicklungsengagement auf fünf Kernprovinzen im Norden des Landes. Hier trägt Deutschland im Rahmen von ISAF auch militärisch Verantwortung. Dort, wo die Bundeswehr im Einsatz ist und gemeinsam mit der Polizei die afghanischen Partner dabei unterstützt, die Sicherheitsverantwortung bis spätestens 2014 selbst zu übernehmen, muss für die Menschen eine Friedensdividende spürbar werden. Um dies zu gewährleisten, arbeiten die Vertreter der vier in Afghanistan engagierten Ressorts – Bundesministerium der Verteidigung, Bundesministerium des Innern, Auswärtiges Amt und Bundesministerium für wirtschaftliche Zusammenarbeit und Entwicklung – im Rahmen eines vernetzten Vorgehens eng zusammen.

Unsere Durchführungsorganisationen leisten wirksame und von den afghanischen Partnern ausdrücklich anerkannte Arbeit vor Ort. Deutschland unterstützt beim Aufbau der Trinkwasserversorgung, verbessert die Stromversorgung, fördert kleine und mittelständische Unternehmen und schafft Zukunftsperspektiven für Jungen und Mädchen durch Grund- und Berufsbildung. Auch stärken wir Rechtsstaatlichkeit, setzen uns für Menschenrechte und die gleichberechtigte gesellschaftliche, soziale und wirtschaftliche Teilhabe von Männern und Frauen ein.

Die schon heute erzielten Entwicklungserfolge zeigen den Afghaninnen und Afghanen, dass sich ihre Lebensbedingungen durch unsere Unterstützung spürbar verbessern. Dadurch steigt die Akzeptanz unserer Arbeit in Afghanistan insgesamt. Aber: noch wichtiger ist der Zuwachs an Vertrauen und Legitimität für den afghanischen Staat. Beide Dimensionen unterstützen wir gezielt dadurch, dass wir ganz bewusst eben keine „Ersatzvornahme" betreiben. Vielmehr werden die von uns geförderten Projekte und Programme stets in enger Abstimmung und in maßgeblicher Verantwortung unserer afghanischen Partner durchgeführt. Ihr Ziel ist stets die Schaffung nachhaltiger, sich selbst tragender Strukturen für die Zukunft. Erweiterte Bildungsmöglichkeiten oder etwa eine verbesserte Trinkwasser- und Energieversorgung können somit in den Augen der Bevölkerung auf der „Haben-Seite" ihrer eigenen Regierung verbucht werden – auch das leistet einen Beitrag zu mehr Stabilität.

Wir haben den Menschen in Afghanistan zugesagt, dass wir an ihrer Seite stehen und den Wiederaufbau- und Entwicklungsprozess ihres Landes unterstützen. Diese Zusage wurde vom Europäischen Rat im November 2011 und auf der Internationalen Afghanistan-Konferenz in Bonn im Dezember 2011 erneut bekräftigt. Dazu stehen wir – auch langfristig. Das bedeutet: auch über 2014 und die schrittweise Übergabe der Sicherheitsverantwortung hinaus wird Afghanistan eine langfristige Aufgabe für die Entwicklungszusammenarbeit bleiben.

Entwicklungszusammenarbeit mit fragilen Staaten bietet viele Chancen, aber sie bedarf eines langen Atems. Wir müssen bei den angestrebten Veränderungen in diesen Ländern „ahistorische" Erwartungen vermeiden, wie auch der Weltentwicklungsbericht 2011 betont. Auch ein Blick in die eigene Geschichte lehrt uns, dass fundamentale politische, gesellschaftliche und wirtschaftliche Veränderungen nicht in wenigen Jahren zu bewältigen sind, sondern vielmehr eine Generationenaufgabe darstellen. Zudem wollen wir keine Entwicklungsruinen hinterlassen. Stattdessen wollen wir langfristig und nachhaltig zum Aufbau eines eigenständigen und stabilen Staates beitragen.

Auch wenn die Diskussion zur Vernetzten Sicherheit sich oft sehr auf Afghanistan bezieht, bleibt klar: Das Engagement in Afghanistan ist keine Blaupause. Der Ansatz der Vernetzten Sicherheit muss kontextbezogen auf die jeweilige Situation, das jeweilige Land, die jeweiligen Akteure zugeschnitten werden.

Einige Lehren lassen sich aber doch verallgemeinern. So haben wir bspw. gelernt, dass die gegenseitige und zeitgerechte Einbindung in Ressortplanungen unabdingbar für den Erfolg ist. Das fängt bei der frühzeitigen ressortübergreifenden Erstellung von Strategien und Konzepten für Krisenregionen an und setzt sich in der Beteiligung an Planungsprozessen anderer Ressorts fort. Ein gutes Beispiel für den ersten Aspekt ist das abgestimmte Sudankonzept der Bundesregierung, das die verschiedenen Ansätze der Ressorts zu einem komplementären Ganzen zusammenfügt. Ein Beispiel für den zweiten Aspekt ist die enge Einbindung von Verteidigungs- und Außenministerium in die vom BMZ geführten entwicklungspolitischen Regierungsverhandlungen mit Afghanistan.

Aus dem Engagement in Afghanistan haben wir auch gelernt, dass die Abstimmung auf ministerieller Ebene nicht ausreicht, um ein kohärentes Vorgehen in der praktischen Arbeit zu gewährleisten. Es galt, Antworten auf die unterschiedlichen Organisationskulturen, institutionellen Strukturen und Einbindung der jeweiligen Akteure in internationale Zusammenhänge zu finden. Mit dem PRT-Konzept, also der institutionalisierten Zusammenarbeit der verschiedenen Politikfelder unmittelbar vor Ort, haben wir für Afghanistan eine angemessene Antwort auf diese Herausforderungen gefunden. Auch hat uns das Engagement in Afghanistan gezeigt, dass Vernetzte Sicherheit ein Verstehen des jeweils anderen Politikfeldes, von dessen Handlungs- und Entscheidungslogiken und auch seiner individuellen Grenzen erfordert. Beteiligung an Vorbereitungsseminaren für den Einsatz und Übungen der Streitkräfte durch Vertreter des BMZ und gemeinsame Aus- und Fortbildungen sind hier ein richtiger Ansatz.

6 Herausforderungen und Grenzen entwicklungspolitischer Instrumente im Konfliktkontext

Entwicklungspolitik steht in fragilen Entwicklungsländern vor besonderen, zusätzlichen Herausforderungen. Sie bietet viele Möglichkeiten, aber sie unterliegt auch Grenzen. Unsere Entwicklungszusammenarbeit in konfliktbetroffenen oder -anfälligen Staaten unterscheidet sich deutlich von der Zusammenarbeit mit Ländern, in denen Armut und fehlende Befähigung zur Selbsthilfe die wesentliche Herausforderung darstellen, in denen jedoch keine politischen Krisen oder Konflikte vorherrschen.

Eine Untersuchung der Freien Universität Berlin in Nordost-Afghanistan hat gezeigt, dass Entwicklungszusammenarbeit nicht geeignet ist, kurzfristig Sicherheit zu schaffen. Im Gegenteil, sie ist auf ein Mindestmaß an Sicherheit angewiesen, um wirksam zu sein: Wenn eine bestimme Gewaltschwelle überschritten ist, können Vorhaben der Entwicklungszusammenarbeit kaum mehr stabilisierende Wirkung entfalten. Dieses für unsere Arbeit nötige Mindestmaß an Sicherheit können wir nicht mit ziviler Unterstützung „erkaufen", es ist vielmehr Grundvoraussetzung, um überhaupt Entwicklungszusammenarbeit betreiben zu können.

Gute Regierungsführung (*Good Governance*) und Eigenverantwortung (*Ownership*) der Partnerländer spielen für einen wirksamen Einsatz von Mitteln der Entwicklungszusammenarbeit und damit auch für Geberentscheidungen eine große Rolle. Gerade fragile Staaten sind aber i.d.R. durch schlechte Regierungsführung und oft begrenzte Eigenverantwortlichkeit für Entwicklung gekennzeichnet, sei es aus mangelndem Willen oder mangelnden Kapazitäten der Regierungsverantwortlichen. Dieses spräche nach Wirksamkeitserwartungen gegen ein entwicklungspolitisches Engagement in fragilen Staaten und im Konfliktkontext. Gleichzeitig sind fragile und konfliktive Staaten häufig jene, die kaum in der Lage sein werden, die Millenniumsentwicklungsziele zu erreichen, die besonders hohe Bedürfnisse nach Entwicklungsfinanzierung aufweisen und denen eine besondere Bedeutung hinsichtlich Krisenprävention zukommt. Insofern ist Entwicklungszusammenarbeit in fragilen Staaten und Konfliktkontexten immer eine Risikoinvestition.

Zudem können Nachhaltigkeitsorientierung und der Anspruch gründlicher Projektplanung und -prüfung mit den Erfordernissen nach kurzfristiger Wirkung (Stichwort Friedensdividende), Flexibilität und Schnelligkeit kollidieren. Je nachdem, ob kurzfristige Stabilisierung oder umfassende gesellschaftliche Transformation als Primärziel des Engagements sicherheits-, außen- und entwicklungspolitischer Akteure in fragilen Staaten angenommen wird, ergeben sich unterschiedliche Sequenzierung und Priorisierung von Interventionen, sowie für Auswahl von Partnerstrukturen, als auch für den Mitteleinsatz. Wichtig ist daher, dass die beteiligten Ressorts gemeinsame Vorstellungen über kurz-, mittel- und langfristige Ziele des externen Engagements entwickeln.

Entwicklungszusammenarbeit muss und will Strukturen aufbauen, nicht ersetzen. Eine Entwicklungszusammenarbeit, die fehlende Strukturen ersetzt und nicht selbstragend aufbauen hilft, würde die Partnerländer in Abhängigkeit belassen oder erst bringen, wäre zudem teuer und nicht nachhaltig. Bei sehr schwacher Staatlichkeit kann dieses Prinzip der Eigenverantwortung allerdings aufgrund fehlender Kapazitäten oft nicht durchgehalten werden. Parallele oder substituierende Strukturen zur Gewährleistung von Basisleistungen durch nicht-staatliche oder aber internationale Strukturen können dann zumindest übergangsweise unvermeidbar werden.

Im letztgenannten Szenario verfügt von allen staatlichen Akteuren die Entwicklungspolitik am ehesten über Instrumente zur Bereitstellung sozialer und wirtschaftlicher Infrastruktur. Eine zusätzliche Herausforderung besteht jedoch darin, dass in Konfliktkontexten und Bürgerkriegsgesellschaften aus der Bereitstellung von Basisdienstleistungen durch die staatlichen Strukturen nicht automatisch empfundene Legitimität der Regierung erwächst. Die Wirksamkeit solcher entwicklungspolitischen Maßnahmen hängt damit von auch von Faktoren ab, die Entwicklungspolitik nicht unmittelbar kontrollieren kann.

Zuweilen vernachlässigt wird, dass Staatsaufbau ein endogener, sehr langfristiger Prozess ist. Der oben bereits zitierte Weltentwicklungsbericht der Weltbank setzt 30–40 Jahre für den Aufbau eines funktionierenden Rechtsstaatswesens an. Dabei können externe Akteure nur Impulse geben und unterstützen – einen Staatsaufbau kann man auch mit noch so gut orchestrierten Plänen und komplexen Strategien nicht erzwingen.

In fragilen Staaten und im Konfliktkontext ist es daher eine besondere Herausforderung, dass Entwicklungspolitik auf kooperationsbereite Akteure der Partnerseite angewiesen ist. Externe Unterstützung ohne solche Partner ist nicht in der Lage, Staatlichkeit aufzubauen oder Demokratie und Rechtstaatlichkeit durchzusetzen. Entwicklungspolitik kann Entwicklungspotenziale schaffen und bessere Rahmenbedingungen für Transformationsprozesse schaffen, Eigenanstrengung und Selbstverantwortung – also *Ownership* – ersetzen kann sie nie. Die jüngste Erfahrung des „arabischen Frühlings" hat gezeigt, dass Entwicklung nur aus der jeweiligen Gesellschaft selbst heraus gelingen kann. Sind keine oder kaum relevante reformbereite Akteure erkennbar, so bieten sich auch für die Entwicklungspolitik keine realistischen Anknüpfungspunkte zur Unterstützung von Transformationsprozessen.

Aber auch die Kommunikation in der deutschen Öffentlichkeit stellt eine besondere Herausforderung dar. Externe Interventionen in fragilen Staaten geraten unter Legitimitätsdefizite, wenn zu hohe Erwartungen in der deutschen Bevölkerung geweckt werden, wenn zu kurze, unrealistische Zeithorizonte angenommen werden und Transformationsprozesse normativ überfrachtet werden. Es ist daher notwendig, einen ressortübergreifenden Ansatz mit positiven Zielen zu versehen, ihn aber realistisch zu formulieren.

7 Zusammenfassung und Fazit

Unser entwicklungspolitisches Engagement speist sich aus dem Respekt vor der Würde und Freiheit jedes einzelnen Menschen weltweit – es geht um Menschenrechte, um bürgerliche Freiheiten, um soziale Teilhabe. Gleichzeitig bin ich überzeugt, dass es in unserem eigenen Interesse liegt, Menschen weltweit Zukunftschancen zu eröffnen. Globale Ungleichheit, Gewaltkonflikte, bürgerliche Freiheiten missachtende Regime und Staatszerfall stehen solchen Zukunftschancen im Weg und können zugleich auch unsere Sicherheit gefährden.

Entwicklungspolitik ist daher in fragilen Staaten gefordert. Sie muss möglichst kohärent mit anderen Politikfeldern agieren, um so wirksam wie möglich sein zu können.

Sicherheitspolitik ist dabei eines der Politikfelder, das Entwicklungspolitik mit in den Blick nehmen muss. Militär und Polizei stehen in der Herausforderung, gezielte Beiträge zum nötigen sicheren Umfeld für die zivile Unterstützung zu leisten – so sieht es das VN-Mandat für ISAF in Afghanistan z. B. explizit vor. Entwicklungspolitik ihrerseits trägt zu Friedenssicherung und Krisenprävention bei und leistet zivile Beiträge zur nachhaltigen Umfeldstabilisierung.

Sicherheit ist mehr als Abwesenheit von Gewalt, und Entwicklungspolitik konzentriert sich auf diesen weiteren Sicherheitsbegriff der „menschlichen Sicherheit" oder *Human Security*. Unser Ziel ist, dass Menschen nicht nur ein Leben in „Freiheit vor Furcht", sondern auch in „Freiheit vor existentiellem Mangel" führen können. Aufgabe der Entwicklungspolitik ist dementsprechend, strukturelle Konfliktursachen abzubauen und Zukunftschancen zu eröffnen.

Die Erfahrung zeigt deutlich: Vernetzte Sicherheit muss in jedem Kontext auf die spezifische Situation und ihre jeweiligen Akteure zugeschnitten werden. In jedem Fall bedeutet der Kontext fragiler Staatlichkeit ein höheres Wirksamkeitsrisiko für die Entwicklungspolitik. Dabei bleibt klar: Jedes Engagement Deutschlands wie der internationalen Staatengemeinschaft kann die Eigenanstrengungen unserer Partner nur unterstützen – politischen Willen und zivilgesellschaftliches Engagement für eine nachhaltige, friedliche Entwicklung kann niemand von außen verordnen. Gemeinsames Handeln ist die Voraussetzung für Erfolg, und dieser Erfolg wiederum ist ausschlaggebend, auch für unsere Zukunft.

Literatur

World Bank. (2011). *Conflict, security, and development. World development report 2011.* Washington, DC: World Bank.

Innere Sicherheit zwischen Föderalismus und Vernetzung

Ralph Thiele · Heiko Borchert

Zusammenfassung: Der Beitrag beschreibt, wie sich das Aufgabenfeld der Inneren Sicherheit seit dem Ende des Kalten Krieges verändert hat und welche Konsequenzen sich daraus für die in diesem Bereich tätigen Organisationen ergeben. Die Autoren machen dabei deutlich, dass der Grad der Internationalisierung der Inneren Sicherheit inzwischen weit fortgeschritten ist: Das zeigt sich an der Bedrohung der Inneren Sicherheit durch Faktoren von außen genauso wie an der Notwendigkeit der engen internationalen Zusammenarbeit für Früherkennung, Gefahrenabwehr und Ereignisbewältigung. Von besonderer Bedeutung ist darüber hinaus der zunehmend wichtiger werdende Sicherheitsexport durch Kräfte der Inneren Sicherheit. Die mit den angesprochenen Veränderungen verbundenen Aufgaben erfordern u. a. die Neujustierung der Zusammenarbeit zwischen der Polizei, der Bundeswehr und anderen Partnern, deren Einsatz der Stabilität dient, den verstärkten Rückgriff auf moderne Technologie als Beitrag, um die Ressourceneffizienz zu steigern, und den Ausbau der öffentlich-privaten Sicherheitszusammenarbeit.

Schlüsselwörter: Innere Sicherheit · Sicherheitsexport · Öffentlich-Private Sicherheitszusammenarbeit

The Internationalization of Public Security: New Challenges—Possible Answers

Abstract: Since the end of the cold war public security tasks have changed dramatically. Overall public security has been internationalized by three trends: risks emanating from international instabilities are threatening domestic stability; early warning, prevention, and crisis management require a new degree of international cooperation; finally, promoting stability by way of policing has become more and more important to export security to zones of crisis. As a consequence, public security can no longer be defined within domestic boundaries. This poses challenging

---

© VS Verlag für Sozialwissenschaften 2012

Oberst i.G. Ralph Thiele ist Vorsitzender der Politisch-Militärischen Gesellschaft e. V.; Dr. Heiko Borchert ist Inhaber und Geschäftsführer der Sandfire AG. Die Autoren danken Gerhard Schmitt für die Bereitstellung eigener Manuskripte, die in den vorliegenden Beitrag eingearbeitet wurden.

Oberst i.G. R. Thiele (✉)
Postfach 52 04 72, 50953 Köln, Deutschland
E-Mail: chairman@pmg-ev.com

Dr. H. Borchert
Bruchmattstr. 12, 6003 Luzern, Schweiz
E-mail: borchert@sandfire.ch

questions, *inter alia*, for the future relationship between police forces, armed forces, and other organizations operating together to provide stability abroad. In addition, there is a growing demand to introduce and adopt state of the art technology and advance public-private security cooperation in order to improve the performance of public security organizations.

Keywords: Public security · Public-private security cooperation · Security export

1 Sicherheit im Wandel

Die Öffnung der Grenzen sowie die damit verbundene Abschaffung der systematischen Grenzkontrollen, veränderte Informations- und Kommunikationsstrukturen, verstärkte Bürgerrechte und ein von Mobilität und Technisierung geprägter gesellschaftlicher Wandel bedeuten für die Bürgerinnen und Bürger in Deutschland auf der einen Seite ein nie gekanntes Maß an Freiheit, Freizügigkeit und Komfort. Hierbei steht die eigene Freiheit in einer engen Wechselbeziehung zur Freiheit der anderen – innerhalb und außerhalb Deutschlands. Auf der anderen Seite ist eine umfassende und konsequente Weiterentwicklung der Sicherheitsstrategien und Sicherheitsinstrumente bzw. -organe erforderlich, um dieser Entwicklung und den damit verbundenen Herausforderungen effektiv zu begegnen.

Vor diesem Hintergrund hat die Sicherheit von Staaten und ihren Gesellschaften in den letzten Jahren inhaltlich bedeutende Erweiterungen erfahren. Wer heute sein Land, seine Bürgerinnen und Bürger sowie seine Unternehmen gegen die Sicherheitsrisiken der Informations- und Wissensgesellschaft schützen will, der wappnet sich gegen Terrorismus, international Organisierte Großkriminalität und die Verbreitung von Massenvernichtungswaffen. Ohne gesicherte Verbindungs- und Kommunikationslinien zu Land, zur See, in der Luft und im Cyberspace sowie ohne funktionsfähige Kritische Infrastruktur sind Industrie- und Handelsnationen nicht überlebensfähig. Gleichzeitig hat die Informationsrevolution die unternehmerischen Abläufe drastisch beschleunigt und Produktions- bzw. Leistungserstellungsprozesse grundlegend verändert. In vielgliedrigen unternehmerischen Wertschöpfungsprozessen werden zahlreiche Akteure laufend koordiniert und aufeinander abgestimmt. Dieser ausgeprägt arbeitsteilige Prozess ist extrem störanfällig – sei es z. B. für technische Verzögerungen aufgrund des Ausfalls kritischer Infrastrukturkomponenten, durch Anschläge an wichtigen Standorten oder durch die Unterbrechung strategisch wichtiger Versorgungswege. Weitere Sicherheitsrisiken entstehen aus der Migration, der Überalterung der Gesellschaft – einschließlich der eigenen Organisationen – sowie aus Katastrophen infolge des Klimawandels.

Als direkte Folge dieser Entwicklungen verändert sich das Aufgabenfeld der Inneren Sicherheit mit der Konsequenz, dass zwischen Innerer und Äußerer Sicherheit nicht mehr trennscharf unterschieden werden kann. Damit werden die Anforderungen im Aufgabenbereich der öffentlichen Sicherheit immer anspruchsvoller:

- In der Tiefe stehen Gefahrenabwehr und Polizeiarbeit vor neuen Herausforderungen wie z. B. das Vordringen der Organisierten Kriminalität und ihrer Beziehungen zur legalen Wirtschaft; soziale Spannungen in Folge wirtschaftlicher Probleme; Konflikte

mit radikalisierten und ideologisierten Gesellschaftsgruppen sowie durch den Zugang nicht-staatlicher Akteure zu hoch moderner Technologie.
- In der Breite müssen neue Aufgaben an der Schnittstelle zwischen der öffentlichen Sicherheit und der Wettbewerbsfähigkeit Deutschlands geschultert werden. Dazu zählen bspw. der Schutz Kritischer Infrastrukturen, die Cybersicherheit und die Abwehr bzw. Bekämpfung der Wirtschafts- und Industriespionage. In allen drei Fällen müssen die Behörden der öffentlichen Sicherheit mit privatwirtschaftlichen Akteuren partnerschaftlich zusammenarbeiten, denen sie traditionell hoheitlich begegnet sind (Fischer 2008).
- Darüber hinaus gewinnt der Sicherheitsexport in krisenbetroffene Regionen an Bedeutung und fordert den Einsatz der Kräfte der Inneren Sicherheit fernab der Heimat. Darauf sind diese Kräfte aber erst ansatzweise vorbereitet. Und weil die dazu benötigten Kapazitäten bereits im Inland teilweise an ihre Leistungsgrenzen stoßen, sind Prioritätensetzungen erforderlich, die innen- und außenpolitisch alles andere als einfach zu vermitteln sind.

Als Konsequenz daraus gewinnt der Leitgedanke der Vernetzten Sicherheit auch für die Gewährleistung von Sicherheit im Innern an Bedeutung. Kurz nach der Veröffentlichung des Weißbuches 2006 zur Sicherheitspolitik Deutschlands und zur Zukunft der Bundeswehr wurden auch im Bundesministerium des Innern Leitlinien für die Innere Sicherheit erarbeitet, aber nur in Fragmenten veröffentlicht.[1] In seiner Funktion als Innenminister bezeichnete de Maizière (2010) die Vernetzte Sicherheit als bestimmendes Element der deutschen Sicherheitspolitik. Sie dient in seinem Verständnis dem Ziel, die knappen und immer knapper werdenden finanziellen Ressourcen durch Bündelung noch effektiver zum Einsatz zu bringen. Dabei folgt der Ansatz der Vernetzung nach seinem Verständnis der Erkenntnis, dass Sicherheit mehr ist, als die Summe ziviler, militärischer und entwicklungspolitischer Maßnahmen, wobei der Schlüssel zum Erfolg in deren adäquater Kombination liege.

Angesichts dieser Veränderungen bedeutet Vernetzte Sicherheit im Innern auch die Suche nach einem neuen Sicherheitsakteur, der ähnlich wie im Bereich des Auswärtigen Handelns über neue Fähigkeiten verfügen muss. Der neue Sicherheitsakteur im Innern muss die Methoden und Instrumente zeitgemäßer Führung und modernen Managements beherrschen. Er muss sich darüber hinaus seiner Verantwortung und seiner Zuständigkeiten im kommunalen Umfeld bewusst sein und sich in diesem Umfeld aktiv in die Koordination mit anderen staatlichen und nicht-staatlichen Sicherheitsakteuren einbringen. Gerade in diesem Kontext wird die gesellschaftspolitische Integrations- und Beratungskompetenz diesen neuen Sicherheitsakteur ganz besonders fordern. Darüber hinaus sieht er sich mit dem neuen Aufgabenspektrum im Ausland einem Umfeld ausgesetzt, das nicht zuletzt aufgrund des hohen Gewaltpotenzials in krisenbetroffenen Regionen fragiler Staatlichkeit neue Anforderungen an die physische und mentale Verfassung sowie die technische Ausstattung der eigenen Kräfte stellt.

---

1 So nutzte z. B. der ehemalige Staatssekretär August Hanning in seinen öffentlichen Vorträgen Anteile dieser Überlegungen.

2 Sicherheit im Innern

Die Sicherheit im Innern zu gewährleisten, ist eine Kernaufgabe des demokratischen Rechtsstaates. Hierauf gründet ein wesentlicher Teil seiner Legitimation. Sicherheit wird in den heutigen vernetzten Gesellschaften darüber hinaus mehr denn je zum Indikator von Lebensqualität. Entsprechend gestalten sich die Erwartungen von Politik, Bürgern, Medien und anderen Anspruchsgruppen an die Sicherheitskräfte. Annähernd 60 staatliche Organisationen sind in Deutschland mit Sicherheit befasst. Mehr als 60 Organisationen sind in einem Landkreis mit etwa 300.000 Einwohnern unmittelbar oder mittelbar verantwortlich und zuständig bei Kindern, Jugendlichen und Heranwachsenden im Sinne der formalen oder informalen Sozialkontrolle, der Prävention und Repression. Die Aufgabenstellungen der Polizei und anderer Sicherheitsakteure hat inzwischen ein enormes Ausmaß an Komplexität erreicht, das wir anhand von drei thematischen Schwerpunkten kurz beschreiben wollen.

2.1 Kriminalität und Terrorismus

Die Kriminalitätsformen sind geprägt von internationaler Tätermobilität, einem globalisierten Finanzmarkt und natürlich der weltweiten Verfügbarkeit des Internets bzw. moderner Technologie. Vor diesem Hintergrund stößt Ermittlungsarbeit regelmäßig an Grenzen – in tatsächlicher und rechtlicher Hinsicht.

Die Terroranschläge 2001 in New York und Washington, 2004 in Madrid und 2005 in London haben den islamistisch geprägten Terrorismus nicht nur zur größten Gefahr für die internationale Staatengemeinschaft gemacht, sondern auch für die innere Sicherheit Deutschlands. Die Organisationsstrukturen islamistischer Terroristen umspannen längst den ganzen Globus. Auch Deutschland liegt im Fadenkreuz fundamentalistisch geprägter Extremisten. Darüber hinaus reist eine wachsende Zahl von deutschen Islamisten in Krisenregionen mit dem Ziel, an Kampfhandlungen teilzunehmen oder sich in Ausbildungslagern in Afghanistan, Pakistan, Somalia oder im Jemen auf den terroristischen, asymmetrischen Kampf vorzubereiten.

Auch im Feld der Organisierten Kriminalität ist trotz rückläufiger Verfahrenszahlen das Bedrohungspotenzial hoch. Die internationale Dimension zeigt sich bspw. in der Tatsache, dass die Täter der Organisierten Kriminalität im Jahr 2009 allein in Bayern insgesamt 57 verschiedenen Staaten angehörten. Über 90 % der Ermittlungsverfahren gegen die Organisierte Kriminalität wiesen dort eine internationale Begehungsweise auf. Die Täter nutzten für ihre illegalen Machenschaften insbesondere länderspezifische Vorteile, Angebot und Nachfrage sowie Möglichkeiten der Geldwäsche und Rückzugsräume aus (Kindler 2010, S. 4).

Funktionierende föderale und internationale sowie intakte ressortübergreifende Kooperationen haben entscheidenden Einfluss auf die erfolgreiche Bewältigung der Sicherheitsprobleme unserer Zeit. Im Deliktfeld Menschenhandel arbeitet die Polizei deshalb mit sozialen, karitativen und kirchlichen Einrichtungen zusammen. Darüber hinaus bestehen in einer Reihe von Bundesländern ressortübergreifende Vereinbarungen, an denen neben dem Innenministerium auch die Justiz sowie das Sozialministerium und Beratungsstellen beteiligt sind. Ohne international geführte Ermittlungen sind die notwendigen Erkenntnisse zur Zerschlagung terroristischer bzw. großkrimineller Strukturen nicht möglich. Eine gute internationale Zusammenarbeit und ein schneller Informations- und Erfahrungsaustausch sind bei Organisierter Kriminalität und Menschenhandel eine selbstverständliche Voraussetzung für erfolgreiches Handeln. Für den Fall eines Terroranschlags auf deutschem Boden bestehen auf nationaler Ebene feste Zusammenarbeitsvereinbarungen zwischen Bund und Ländern.

2.2 Großereignisse

Großereignisse wie der Papstbesuch im September 2011 in Deutschland – insgesamt waren 5.800 Polizisten aus zwölf Bundesländern im Einsatz –, Staatsbesuche oder Sportveranstaltungen erreichen oftmals eine Dimension, die ein einzelner Staat allein gar nicht mehr schultern kann. Die sicherheitsbezogenen Auswirkungen haben meist internationalen Charakter. So war der NATO-Doppelgipfel 2009 in Straßburg, Kehl und Baden-Baden eine besondere Herausforderung für die Polizei und andere beteiligte Stellen. Der Kräfteansatz mit bis zu 16.000 Polizeibeamtinnen und -beamten konnte dank der solidarischen Unterstützung durch die Polizeien der anderen Länder und des Bundes gedeckt werden. Der grenzüberschreitende Einsatz erforderte eine umfassende Abstimmung mit Frankreich auf strategischer und operativer Ebene.

Bei der Fußball-Weltmeisterschaft 2006 in Deutschland hatte die enge internationale Zusammenarbeit mit den Teilnehmerstaaten sowie den Anrainer- und Transitstaaten maßgeblichen Anteil daran, dass Gefahren und Sicherheitsrisiken frühzeitig erkannt und bis auf wenige Ausnahmen gar nicht erst zum Tragen gekommen sind. Vertreter des Polizeipräsidiums München haben danach ihre Erfahrungen in Südafrika bei der Vorbereitung zur Fußball-Weltmeisterschaft 2010 an die dortigen Sicherheitsbehörden weitergegeben. In vergleichbarer Weise haben deutsche Polizeibeamte auf der Grundlage bilateraler Polizeiverträge die beiden Ausrichterstaaten Österreich und die Schweiz bei der Fußball-Europameisterschaft 2008 mit geschlossenen Einheiten der Bereitschaftspolizei und mit zivilen Beamten des polizeilichen Einzeldienstes unterstützt. In diesem Zusammenhang erfolgte auch der bislang größte Auslandseinsatz der Polizeien der Länder und des Bundes mit über 1.800 deutschen Polizeibeamten, die während ihres Einsatzes in der Schweiz und in Österreich mit hoheitlichen Befugnissen ausgestattet waren. Schließlich waren deutsche Polizisten bei der Fußball-Europameisterschaft 2012 in Polen und der Ukraine dabei, um die örtliche Polizei im Einsatz gegen gewalttätige Fußballtouristen zu unterstützen. Zwei deutsche Polizisten gingen immer mit einem einheimischen Polizisten auf Streife, weil sie das Verhalten deutscher Fans besser einschätzen konnten als ihre polnischen oder ukrainischen Kollegen.

Auch die Bewältigung große Schadensereignisse und Katastrophen (z. B. Brandkatastrophe im Tauerntunnel 1999 oder bei der Gletscherbahn in Kaprun 2000) bedarf inzwischen der grenzüberschreitenden Zusammenarbeit. Zur Lagebewältigung existieren länderübergreifende Alarmpläne, die den schnellen und umfassenden Informationsaustausch sowie eine gegenseitige Unterstützung gewährleisten. Insgesamt belegen die Erfahrungen bei Großereignissen, dass sich die Zusammenarbeit von Bund und Länder in Deutschland gut entwickelt hat. Bund und Länder tauschen anlassbezogen und institutionalisiert Erfahrungen und Informationen zum Thema Innere Sicherheit aus und legen gemeinsame Strategien und Schwerpunkte fest.

2.3 Internationale Zusammenarbeit

Ähnliches gilt für die internationale Zusammenarbeit. Mit dem Vertrag von Prüm (2005) wurde innerhalb der Europäischen Union (EU) ein wichtiger Schritt im Kampf gegen internationale Kriminalitätsstrukturen unternommen. Der Vertrag wurde mittlerweile in den Rechtsrahmen der Europäischen Union überführt. Auf dieser Grundlage gewähren sich Deutschland, Österreich, Spanien, Luxemburg, die Niederlande und Slowenien den gegenseitigen automatisierten Zugriff auf DNA-Daten. Beim Zugriff auf Fingerabdruckspuren nehmen neben Deutschland auch Österreich, Spanien und Luxemburg am Wirkbetrieb teil. Mittlerweile kann bspw. die Polizei aufgrund dieser Bestimmung auf die Kraftfahrzeughalterdaten in den Niederlanden, Belgien, Luxemburg, Frankreich, Spanien und Österreich zugreifen. Auch mit der Ausweitung des Mandatsbereichs von EUROPOL auf alle grenzüberschreitenden Fälle schwerer Kriminalität hat die Europäische Union einen wichtigen Schritt im Kampf gegen die Organisierte Kriminalität vollzogen.

Darüber hinaus verstärken die EU-Länder derzeit in fünf Schwerpunktbereichen ihre Zusammenarbeit zum Schutz der Bürger und Unternehmen, um besser auf die wachsenden Bedrohungen durch Organisierte Kriminalität, internationalen Terrorismus, Computerkriminalität sowie Krisen und Katastrophen jeglicher Art reagieren zu können (Tab. 1).

3 Sicherheitsexport

Die modernen Bedrohungen erfordern heute polizeiliches Handeln auch außerhalb der deutschen Grenzen. Im Rahmen des Aufbaus rechtsstaatlicher Sicherheitsstrukturen in Krisenregionen steht das Innenministerium als Teil einer vernetzten, ressortübergreifenden Außen- und Sicherheitspolitik vor wachsenden Anforderungen, denn sein Engagement im Bereich des Sicherheitsexports ist für die Nachhaltigkeit erfolgreicher Stabilisierungspolitik entscheidend.

Mit ihrer Gemeinsamen Außen- und Sicherheitspolitik fördert die EU die internationale Sicherheit und setzt sich für Demokratie, Rechtsstaatlichkeit und für die Achtung der Menschenrechte ein. Die EU sieht sich als globaler Akteur, der einen effektiven Multilateralismus mit einem breiten Optionsspektrum an außen- und sicherheitspolitischen Instrumenten unterstützt – Instrumente, die besonders geeignet sind, den absehbaren sicherheitspolitischen Herausforderungen wirkungsvoll zu begegnen. Sie ist im internationalen Krisenmanagement mit ihren sicherheits- und verteidigungspolitischen Instrumenten ein weltweit engagierter Akteur. Die Nachhaltigkeit dieser Instrumente wird angesichts einer zunehmenden Zahl von Krisen, der Begrenztheit nationaler Mittel und der wachsenden Erwartungen an die EU immer bedeutsamer – gerade auch mit Blick auf zivile Beiträge.

Der *Comprehensive Approach* der NATO (2010, Para. 8–9) als die englische Begrifflichkeit der Vernetzten Sicherheit entspricht dem europäischen Ansatz und ist konzeptionell bereits fortgeschritten. Er bildet einen ganzheitlichen Ansatz aus Prävention und

Tab. 1: Schwerpunkte der EU-Strategie der inneren Sicherheit (Europäische Kommission 2010)

Organisierte Kriminalität
- Zusammenarbeit der EU-Länder untereinander wie auch mit Ländern, die nicht der EU angehören, um internationale kriminelle Netze aufzuspüren und zu zerschlagen.
- Schutz der Wirtschaft vor Organisierter Kriminalität.
- Rechtsvorschriften, die den Behörden die Beschlagnahme von Erträgen aus Straftaten ermöglichen

Terrorismus
- Maßnahmen, um Terroristen den Zugang zu Geldmitteln und Geräten zu versperren, die Verkehrsinfrastruktur der EU zu schützen und Gemeinschaften bei der Vermeidung von Radikalisierung und Anwerbung von Nachwuchsterroristen zu unterstützen

Computerkriminalität
- Bessere Qualifizierung von Polizei, Staatsanwälten und Richtern für die Bekämpfung von Computerkriminalität durch Ausbildung und Verschärfung der Rechtsvorschriften.
- Zusammenarbeit mit der Wirtschaft bei der Verbesserung der Internetsicherheit und Stärkung der Mittel der EU zur Abwehr gegen Cyberattacken.
- Einrichtung eines neuen europäischen Expertenzentrums zur Untersuchung und Vermeidung von Cyberkriminalitätsfällen.
- Schaffung eines Netzes von Computer-Noteinsatzgruppen, um bei Cyberattacken prompt reagieren zu können

Grenzschutz
- Gemeinsame Maßnahmen gegen potenzielle Bedrohungen der EU-Außen- und Binnengrenzen sowie gemeinsame Berichterstattung über Menschenhandel, illegale Einwanderung und Schmuggel.
- Schaffung eines Systems für die Überwachung der Außengrenzen in Verbindung mit einer gezielteren Überwachung kritischer Grenzübergangsstellen

Krisenreaktion
- Zusammenarbeit der Regierungen der EU-Länder, um zu gewährleisten, dass die erforderlichen Infrastrukturen, Ausrüstungen und Fachleute für Soforteinsätze im Zusammenhang mit internen oder externen Notfällen jeglicher Art verfügbar sind

Stabilitätsvorsorge, Kampf und Wiederaufbau, wirtschaftlichem Engagement und Diplomatie, wie er sich bei den Einsätzen in auf dem Balkan und Afghanistan – bspw. im Rahmen der *Provincial Reconstruction Teams* – bewährt hat.[2] Außen- und sicherheitspolitische Erfolge hängen danach künftig entscheidend von der Fähigkeit zur Vernetzung der sicherheitspolitischen Instrumente untereinander und mit vielfältigen, auch internationalen Partnern wie Vereinte Nationen (VN) und EU ab.

Dementsprechend haben sich die Aufgaben für zivile und militärische Sicherheitskräfte den veränderten sicherheitspolitischen Herausforderungen angepasst. Stabilisierungseinsätze im Ausland in nur partiell militärisch befriedetem Gebiet sind längst die wahrscheinliche Einsatzoption. Internationalen Friedenskontingenten stehen verdeckt kämpfende nationale Widerstandsgruppen und internationale Terrorgruppen gegenüber, die oft auch von Staaten unterstützt werden, die an der Destabilisierung interessiert sind.

---

2 Siehe hierzu auch die Beiträge von Dirk Niebel und Ton van Loon im vorliegenden Sammelband.

Die Fähigkeiten polizeilicher Stabilisierungskräfte sind eng mit militärischen Fähigkeiten zu orchestrieren, damit es keine offenen Nahtstellen zwischen den Aufgabenbereichen gibt. Abstimmung und Synergie ist auch erforderlich im Zusammenhang mit dem Aufbau von Sicherheitsbehörden, Justiz, Entwicklungshilfe, Wirtschaftsförderung, Korruptionsbekämpfung und anderen Handlungsfeldern, die der Stabilisierung von Regionen mit fragiler Staatlichkeit dienen.

Die Erfahrung der Stabilisierungsoperationen der jüngsten Vergangenheit zeigt, dass die Nahtstelle zwischen rein militärischer und originär polizeilicher Aufgabenwahrnehmung – Prävention mit Schwerpunkt der vorbeugenden Bekämpfung von Straftaten, Repression mit Schwerpunkt der Strafverfolgung von Kriegsverbrechern, Terroristen, Attentätern und Straftätern der Organisierten Kriminalität – eine klare Regelung der angestrebten Sicherheitsziele erfordert. Das wirft jedoch neue Fragestellungen auf: Was bedeuten in diesen Einsätzen Innere Sicherheit, Innerer Frieden oder Stabilität im Kontext der Menschenrechtskonventionen der VN und der EU sowie dem Grundgesetz, dem die eingesetzten Kräfte von Bundeswehr und Polizei verpflichtet sind?

Der Ansatz der Vernetzten Sicherheit zeigt bzgl. dieser Fragestellung hilfreiche Wege auf, denn er setzt bei einem veränderten Bewusstsein von Rolle und Selbstverständnis der Sicherheitskräfte an und gelangt über einen die Freiheit akzentuierenden Organisationszweck zur gemeinsamen und vernetzten Zielsetzung der Sicherung und des Schutzes von Recht und Freiheit. Erst wenn diese Ziele erreicht werden, gelingt im Ergebnis stabiler Innerer Frieden bzw. Stabilität in einer Krisenregion. Dabei ist allerdings auch klar: Die Nahtstellen der beiden Sicherheitsorgane Bundeswehr und Polizei sind im Ausland nicht vergleichbar mit den klaren Trennungslinien der Wahrnehmung von polizeilichen und militärischen Aufgaben im Inland. Ebenso deutlich wird aus den Einsatzerfahrungen auch, dass sich die krisenbetroffene Bevölkerung mit Blick auf ihre eigenen Bedürfnisse nicht für die Zuständigkeiten und Verantwortlichkeiten interessiert, die die Organisation der Sicherheitskräfte in Deutschland prägt. Vielmehr erwartet die Bevölkerung in den Krisenregionen, dass

- ihre Grundbedürfnisse nach existenzieller Lebenssicherung befriedigt und ihre Ansprüche auf Menschenrechtsbeachtung wiederhergestellt werden,
- die für die Unterdrückung Verantwortlichen zur Rechenschaft gezogen werden,
- Ruhe, Sicherheit und Ordnung und damit Innerer Frieden im Sinne ihres Kultur- und Demokratieverständnisses einkehren,
- die Voraussetzungen zum (Wieder-)Aufbau von Staat und Wirtschaft unter Beachtung ihrer Tradition und Kultur geschaffen werden.

Die berechtigte Erwartung der krisenbetroffenen Bevölkerung nach Innerem und Äußerem Frieden vor Ort richtet sich demzufolge gleichermaßen an alle internationalen Kräfte von Militär, Polizei, Verwaltung, Justiz bis zu humanitären Hilfsorganisationen. Aufgaben, Kompetenzen und Verantwortlichkeiten sollten deshalb vor einem Auslandseinsatz gemeinsam geplant und während des Einsatzes in einem strategisch und taktisch abgestuften Phasenkonzept Vernetzter Sicherheit unter wachsender Beteiligung der Verantwortlichen des von der Krise betroffenen Landes fortgeschrieben werden.

Die Wechselwirkungen zwischen den angeführten Faktoren kann kein einzelner Akteur – sei es ein Staat, ein Ministerium oder eine Sicherheitsbehörde – übersehen oder gar steuern. Jeder Akteur für sich wäre mit der Bewältigung der genannten Risiken, ihrer Ursachen und ihrer Folgen überfordert. Dadurch verschiebt sich die gesamte Betrachtungsweise von den einzelnen Ressorts zu einem zwingend erforderlichen ganzheitlichen Ansatz und den Beiträgen, die die einzelnen staatlichen und nicht-staatlichen Akteure hierzu leisten können. Allerdings fehlen der Polizei im zivilen Krisenmanagement internationaler Friedensmissionen gegenwärtig grundlegende Mittel zur Herstellung von Sicherheit und Ordnung, insbesondere in Bereichen wie wirksame Prävention, Repression und Opferschutz/-hilfe. Die bestehenden Personal-, Technik- und Informationsdefizite multinationaler Polizeikräfte bedürfen deshalb der Unterstützung durch die Streitkräfte.

Entsprechend nimmt die Bundeswehr in den verschiedenen Phasen einer Nachkriegsära sowohl militärische als auch polizeiliche Aufgaben wahr, um in einer sich stufenweise entwickelnden Kooperation mit multinationalen und nationalen Kräften Sicherheit im Sinne des Schutzes der Menschenrechte zu gewährleisten. Und selbst zu Strafverfolgungszwecken führt die Bundeswehr typisch-polizeiliche Maßnahmen z. B. der Telefonüberwachung durch, soweit die Leistungsfähigkeit und -möglichkeit der nationalen Strafverfolgungsorgane noch nicht gegeben ist. *Policing* als operatives Maßnahmenbündel stellt neue Herausforderungen an das Personal-, Organisations- und Qualitätsmanagement von Polizei und Bundeswehr, insbesondere in der Aus- und Fortbildung. Maßnahmen sind in enger Kooperation im Sinne Vernetzter Sicherheit zu koordinieren. Dies gilt übertragen auch für die Integration bzw. Kooperation mit anderen Schlüsselakteuren, wie die übrigen Beiträge im vorliegenden Sammelband anschaulich darlegen.

Bereits vor einem Auslandseinsatz sollten deshalb in der Planungsphase des Mandates ressortübergreifende sicherheitspolitische Ziele der Bundesregierung durch Beteiligung des Verteidigungs-, Außen-, Finanz-, Innenministeriums unter Einbindung der Arbeitsgemeinschaft *International Police Missions* der Innenministerien der Länder und des Bundes sowie des Ministeriums für wirtschaftliche Zusammenarbeit und Entwicklung formuliert werden, um ein robustes Mandat für alle Sicherheitskräfte durch Bundestagsbeschluss zu erzielen. Die aktuellen Ressortübergreifenden Leitlinien für eine kohärente Politik der Bundesregierung gegenüber fragilen Staaten vom März 2012 schlagen genau diesen Weg ein, wenn sie fordern:

> Engagement in Krisengebieten erfordert umfassende Koordinierung auf nationaler und internationaler Ebene, mit der eine internationale Arbeitsteilung einhergehen sollte. Häufig wird beobachtet, dass in Krisenregionen eine Vielzahl internationaler Akteure auftreten. Gerade hier ist eine gemeinsame strategische Vision von Bedeutung (Planungsstäbe AA/BMZ/BMVg 2012, S. 4).

Ein zielführender sicherheitspolitischer Ansatz im Sinne eines anzustrebenden Stabilitätszieles sollte von daher den Auslandseinsatz der Bundeswehr von vornherein als militärischen Einsatz auch mit polizeilichen Aufgaben zur Sicherung von Stabilität und Innerem Frieden definieren. Dabei sollte die Polizei bereits im Frühstadium militärischer Vorbereitungen für eine internationale Mandatsmission eingebunden werden, um von Anfang an ihre Kompetenz in der operativen Gestaltung von Stabilität und Innerem Frieden zu nutzen. Für den Erfolg der Gesamtmission sind daher stabilitätssichernde strategische Erfolgsziele zu definieren. Wichtige Dimensionen der Zieldefinition sind dabei die Bereiche Versöhnung, Entwicklung und jederzeitige Ansprechbarkeit für Hilfe und Schutz im Vakuum zwischen dem Nachkriegszustand und der Staatsbildung. Der Erfolg wäre idealtypisch erzielt, wenn

- die Bevölkerung nach dem Abzug der Sicherheitskräfte in Freiheit vor lebens- und existenzbedrohender Panik und Angst leben kann,
- Vertrauen in die zwischenzeitlich eigenen Staats- und Sicherheitsorgane wiedererlangt hat und
- Grundlagen für eine erfolgversprechende, eigenständige Regierungsfähigkeit sowie selbsttragende Prosperität gelegt sind.

Für diese Zieldimensionen können messbare Indikatoren erarbeitet werden, die es erlauben, den Erfolg zu überprüfen. Ein solcher Ansatz stärkt die Legitimation des eigenen Handelns zuhause sowie in den krisenbetroffenen Regionen und schafft gleichzeitig die Basis des stufenweisen Rückzugs aus diesen Regionen sowie der Aufgabenübertragung an die lokalen Akteure.

4 Effektivität und Effizienz verbessern

Aus dem Zusammenhang zwischen der Verwundbarkeit freier Gesellschaften, dem sich wandelnden internationalen Umfeld und den veränderten Heraus- und Anforderungen staatlicher Sicherheitsvorsorge leiten sich vielfältige Aufgaben ab. Diese setzen das gegenwärtige staatliche Sicherheitsinstrumentarium unter Dauerstress und überfordern es bisher. Vernetzter Sicherheit muss es deshalb gelingen, einen ganzheitlichen, ressortübergreifenden und multilateral angelegten Ansatz zu realisieren, der im Rahmen einer nachhaltigen Gesamtstrategie Synergien herbeiführt. Dazu müssen staatliche und nichtstaatliche Instrumente der Konfliktverhütung, Krisenbewältigung und Konfliktnachsorge wirksam aufeinander abgestimmt werden.

Dieser Anspruch stellt hohe Anforderungen an die involvierten Organisationen. Erfahrene Praktiker wissen, dass die Informationssteuerung insbesondere in hoch arbeitsteiligen und aufbaudifferenzierten Organisationen der Schlüssel zum Erfolg ist, um das vorhandene Wissen funktions-, aufgaben- und ebenengerecht aufzubereiten und bereitzustellen. Die bei Polizei und Bundeswehr ausgeprägt vertikale Hierarchie führt allerdings zu strukturell bedingten Informationsdefiziten, denn die organisationsinterne Kommunikation entspricht formal dem vertikal gegliederten Organisationsaufbau. Dem steht die informelle Kommunikation gegenüber, die horizontal und vernetzt erfolgt – teilweise sogar mit besseren Ergebnissen, weil privat verfügbare Technologie eingesetzt wird. Die in der Realität gelebten Mehrfachzuständigkeiten von Sicherheitsakteuren und die damit verbundenen Informationsasymmetrien erfordern deshalb umso mehr, dass der Prozess der Aufbereitung und Weitergabe des Organisationswissens nicht durch fehl- oder ungesteuerte Prozesse der Beliebigkeit ausgesetzt und dadurch die Effektivität des Handels massiv eingeschränkt wird.

Dies gilt umso mehr, als die Notwendigkeit der Nutzung moderner Technologie auch im Bereich der Inneren Sicherheit deutlich zunimmt:

- Im Bereich der Polizei ist bspw. eine Kriminologische Regionalanalyse unabdingbare Voraussetzung zur Abbildung potentieller Risiken. Moderne Technologien, die für andere Anwendungsbereiche wie bspw. das Erkennen von Mustern in großen Datenbeständen entwickelt wurden, kommen hierbei zum Einsatz. In Verbindung mit prognostischen Werkzeugen ist es bspw. möglich, in gewissem Umfang Vorhersagen zu bevorstehende Straftaten zu treffen, so dass die beschränkt vorhandenen polizeilichen Mittel effizienter eingesetzt werden können.
- Zur Bewältigung von Speziallagen wie z. B. einer Geiselnahme gewinnt der Technikeinsatz für die Führungskommunikation ebenso an Bedeutung wie für den Gewinn von Lageerkenntnissen bzw. die Erarbeitung von Planentscheidungen. Darüber hinaus wächst der technische Unterstützungsbedarf für polizeiliche Spezialeinheiten wie die GSG 9 bspw. aufgrund ihrer Zuständigkeit für Einsätze im Verbund von Spezialeinheiten der Mitgliedstaaten der Europäischen Union (ATLAS-Verbund) oder bei Einsätzen außerhalb Europas, für die Aufklärungs-, Kommunikations-, Transport- und Logistikmittel benötigt werden.
- Schließlich gilt es, verlässliche Daten, Informationen und Wissen zur Erzeugung eines öffentlich-privaten Lagebildes in einem gemeinsamen Sicherheitsverbund zusammenzutragen, um dadurch die Qualität der Entscheidungen und das Antwort-Zeit-Verhalten der beteiligten Akteure deutlich zu verbessern.

Diese Beispiele machen klar, dass die konsequente Steigerung der Ressourceneffizienz im Kontext der Vernetzten Sicherheit das Gebot der Stunde ist. Auch deshalb liegt der Schlüssel zur Bewältigung der aktuellen und künftigen Sicherheitsherausforderungen zunehmend in einer engen öffentlich-privaten Sicherheitszusammenarbeit, denn: Ohne das Know-how und die systemische Mitwirkung von Forschung und Industrie können staatliche Sicherheitskräfte ihren Auftrag nicht erfüllen; ohne das einsatzbezogene Wissen der Sicherheitskräfte bleiben wissenschaftliche und technologische Innovation wirkungslos.

Partielle Erfolge wurden bislang erzielt, doch die Vielzahl der Akteure, das Ressortprinzip und nicht zuletzt das Föderalismusprinzip erschweren den sicherheitsrelevanten politischen Akteuren die Koordination und Kooperation. Inhaltlich führen unterschiedliche konzeptionelle Ansätze und Vorgehensweisen verschiedener Ressorts bereits auf nationaler Ebene zu voneinander abweichenden Handlungsansätzen. Sie setzen sich bei der Lagebeurteilung und den einzusetzenden Kräften vor Ort bzw. auch in internationalen Gremien fort. Hinzu kommt ein den eigenen Ressortkontext bevorzugender Fokus, der die vor dem eigenen Erfahrungshintergrund wahrgenommenen Notwendigkeiten priorisiert und Erfahrungen und Notwendigkeiten anderer Ressorts weniger berücksichtigt. Gefahrenlagen werden unterschiedlich interpretiert. Daraus resultieren konträre Problemlösungs- und Handlungsstrategien. Demgegenüber bieten die intensiven, gemeinsamen Einsatzerfahrungen – die zwangsläufig gemeinsame Anwesenheit im Krisengebiet – bei nationalen und internationalen Einsätzen sowie eine wachsende Kultur kooperativer Entscheidungsfindung einen wichtigen Anknüpfungspunkt für einen gemeinsamen Implementierungsansatz. Hier gibt es viel zu tun.

Literatur

de Maizière, T. (2010). Vortrag vor dem Kollegjahrgang „Vernetzte Sicherheit im 21. Jahrhundert", Berlin, Konrad-Adenauer-Stiftung, 6. Jul. 2010. http://www.kas.de/wf/de/33.20079/. Zugegriffen: 3. Juli 2012.

Europäische Kommission. (2010). EU-Strategie der inneren Sicherheit: Fünf Handlungsschwerpunkte für mehr Sicherheit in Europa. KOM(2010 673 vom 22. Nov. 2010. http://eur-lex.europa.eu/LexUriServ/LexUriServ.do?uri=COM:2010:0673:FIN:DE:PDFX. Zugegriffen: 3. Juli 2012.

Fischer, U. W. (2008). Sicherheitspartnerschaft zwischen Staat und Wirtschaft: Anforderungen die Sicherheitszusammenarbeit mit der Wirtschaft. In H. Borchert (Hrsg.), *Wettbewerbsfaktor Sicherheit. Staat und Wirtschaft im Grand Pas de Deux für Sicherheit und Prosperität* (S. 27–46). Baden-Baden: Nomos.

Kindler, W. (2010). Vernetzte Sicherheit bei freundlichem Desinteresse. *Journal der Politisch-Militärischen Gesellschaft (Denkwürdigkeiten), 67,* 3–6 (Oktober 2010; Berlin: Politisch-Militärische Gesellschaft e. V.).

NATO. (2010). Lisbon summit declaration issued by the heads of state and government participating in the meeting oft he North Atlantic council in Lisbon. 20. Nov. 2010. http://www.nato.int/cps/en/natolive/official_texts_68828.htm. Zugegriffen: 3. Juli 2012.

Planungsstäbe AA/BMZ/BMVg. (2012). Für eine kohärente Politik der Bundesregierung gegenüber fragilen Staaten. Ressortübergreifende Leitlinien. Berlin. März 2012. http://www.ag-friedensforschung.de/themen/Failed-states/Leitlinien.pdf. Zugegriffen: 3. Juli 2012.

Vernetzung in Sicherheitspolitik und militärischer Operationsführung: Versuch einer Bilanz

Jörg Neureuther

Zusammenfassung: Der Aufsatz untersucht das doppelte Integrationsbekenntnis im Zuge der laufenden Bundeswehrreform, wonach unter den Stichworten Vernetzte Sicherheit die zivil-militärische Vernetzung nach außen und unter Vernetzte Operationsführung die moderne militärische Operationsführung im nationalen und multinationalen Rahmen verstanden wird. Ausgehend von der Hierarchie der Vorgängerdokumente aus den Jahren 2003 bis 2006 (Verteidigungspolitische Richtlinien, Konzeption der Bundeswehr, Weißbuch zur Sicherheitspolitik Deutschlands und zur Zukunft der Bundeswehr) werden die neuen Verteidigungspolitischen Richtlinien 2011 und die erstmalige Herausgabe einer IT-Strategie der Bundeswehr Anfang 2012 analysiert und bewertet. International werden Vergleiche mit den analogen Konzepten *Comprehensive Approach* und *NATO Network-Enabled Capabilities* und deren Ausgestaltung der letzten Jahre herangezogen, um so Errungenschaften wie Irrwege aufzuzeigen.

Schlüsselwörter: Afghanistan Mission Network (AMN) · Common Endeavour 2012 · Erstbefähigung NetOpFü · Future Mission Network (FMN) · Vernetzte Operationsführung (NetOpFü) · Vernetzte Sicherheit · Vernetzung

Networked Security Policy and Military Operations: Interim Assessment

Abstract: The article scrutinises the ongoing reform of the German Bundeswehr by analysing the use of two key concepts, Networked Security describing civil-military interaction and Net-Enabled Operations portraying the modern conduct of operations in a national and multinational context. Starting with the previous hierarchy of documents dating from 2003 through 2006 (Security Policy Guidelines, Concept of the Bundeswehr, White Paper) the new Security Policy Guidelines 2011 and the first-ever IT-Strategy of the Bundeswehr 2012 are evaluated and extrapolated toward the future. A comparison with the internationally equivalent concepts of Comprehensive Approach and NATO Network-Enabled Capabilities including both their realisation over the last years intends to demonstrate achievements and aberrations alike.

© VS Verlag für Sozialwissenschaften 2012

Dipl.-Ing. (univ) Oberstleutnant i.G. Jörg Neureuther, Bundeswehr, zzt. eingesetzt als G3 StOffz beim Deutschen Verbindungsoffizier zu den Hauptquartieren Supreme Allied Commander Transformation und United States Joint Forces Command in Norfolk.

Dipl.-Ing. (Univ) OTL i.G. J. Neureuther (✉)
3112 Norway Place, Norfolk, VA 23509, USA
E-Mail: neureuther26@hotmail.com

Keywords: Afghanistan Mission Network (AMN) · Common Endeavour 2012 · Comprehensive approach · Future Mission Network (FMN) · Initial operating capability NEO · Net-Enabled Operations (NEO) · Networking principles

> *Ebenso wichtig ist es, das Konzept der Vernetzten Sicherheit und damit einhergehend die Befähigung der Bundeswehr zum Wirken im ressortgemeinsamen Ansatz sowie im internationalen zivil-militärischen Comprehensive Approach weiter auszubauen. Daneben bleibt es bei der bereits erfolgreich eingeleiteten Ausrichtung auf die Vernetzte Operationsführung, die für die Fähigkeit zum multinationalen Zusammenwirken von entscheidender Bedeutung ist.*
>
> (Bundesministerium der Verteidigung 2011a, S. 4)

1 Einleitung

Das obenstehende Zitat im Zuge der laufenden Reform der Bundeswehr enthält ein doppeltes Integrationsbekenntnis zum Prinzip der Vernetzung, nämlich zivil-militärisch nach außen mit Schwerpunkt auf dem durch die Bundeswehr zu leistenden Beitrag in einem Konzert sicherheitspolitisch relevanter Organisationen und Akteure, aber auch rein militärisch nach innen und außen zur Operationsführung im nationalen und multinationalen Rahmen. Beide Ausprägungen dieses Prinzips, Vernetzte Sicherheit und Vernetzte Operationsführung (NetOpFü), waren bereits prominente Bestandteile des 2006 herausgegebenen „Weißbuch zur Sicherheitspolitik Deutschlands und zur Zukunft der Bundeswehr" (Bundesministerium der Verteidigung 2006, Kap. 1.4 und 5.2) und dessen vorangegangenen konzeptionellen Grundlagen, den „Verteidigungspolitischen Richtlinien" von 2003 (VPR, Bundesministerium der Verteidigung 2003) und der „Konzeption der Bundeswehr" von 2004 (KdB, Bundesministerium der Verteidigung 2004). Während die VPR 2003 dabei v. a. die Idee eines ganzheitlich sicherheitspolitischen Ansatzes und mithin der Vernetzten Sicherheit vordachten, fanden sich in der KdB 2004 die maßgeblichen Vorgaben zur Ausgestaltung von NetOpFü.

Seit März 2011 liegt nunmehr die nächste Iteration der „Verteidigungspolitischen Richtlinien" vor, in denen man vergeblich die Begriffe Vernetzte Sicherheit und Vernetzte Operationsführung im Wortlaut sucht. Stattdessen findet man im gesamten Text zahlreiche Nennungen von Attributen wie „gemeinsam, streitkräftegemeinsam, ressortgemeinsam, Bündnis" und „multinational". „Vernetzung" taucht stattdessen ausschließlich in Verbindung mit dem Phänomen der Globalisierung auf. Daraus kann jedoch (noch) nicht abgeleitet werden, dass die Prinzipien, welche die Grundlagen für Vernetzte Sicherheit und NetOpFü darstellen, bereits wieder aufgegeben worden wären. Dagegen spricht u. a. die Tatsache, dass andere, für die laufende Bundeswehrreform maßgebliche Grundlagendokumente weiterhin Gebrauch sowohl von der Bezeichnung beider Konzepte als auch von deren bisherigen Inhalten machen und diese weiter fortschreiben. So greift neben den eingangs zitierten „Leitlinien zur Ausgestaltung der Bundeswehr" vom Mai 2011 v. a. die im Januar 2012 durch Staatssekretär Beemelmanns in Kraft gesetzte „IT-Strategie der Bundeswehr" sowohl das Prinzip der Vernetzung als auch den technischen und organisatorischen Regelungsbedarf zur Realisierung von NetOpFü in hoher Detaillierung auf.

Endgültige Klarheit wird also erst mit Herausgabe der ebenfalls zur Überarbeitung anstehenden „Konzeption der Bundeswehr" und des nächsten „Weißbuch" herrschen. Bis dahin soll im Folgenden versucht werden, eine Bilanz des bisher Erreichten und Nichterreichten bei Vernetzter Sicherheit und NetOpFü der letzten Jahre zu ziehen. Um dabei jedoch der Gefahr einer rein nationalen Nabelschau vorzubeugen, sollen immer wieder gezielte Vergleiche zu den bei der NATO entwickelten Grundlagenarbeiten an den Konzepten *Comprehensive Approach* (CA) und *NATO Net-Enabled Capabilities* (NNEC) angestellt werden. Auch dort gibt es Erfolge und Fehlentwicklungen, welche wiederum Rückschlüsse auf die weitere Realisierbarkeit von Vernetzter Sicherheit und NetOpFü zulassen.

2 Notwendigkeit und Grenzen von Vernetzung

Versteht man unter Vernetzung allgemein die intelligente Verknüpfung von hierarchisch oder geographisch getrennten Wissensentitäten, dann ergibt sich darauf aufbauend für die militärische Vernetzung im Sinne von NetOpFü die Steigerung des Gefechts- bzw. Einsatzwertes durch das Herstellen einer Verbindung von Sensoren, Entscheidungsträgern und Effektoren (Neureuther 2011, S. 118). Neben einer solchen definitorisch-konzeptionellen Annäherung an den Mehrwert von Vernetzung gibt es aber noch ganz praktische Überlegungen, welche eine Ausgestaltung des Prinzips der Vernetzung zwingend erscheinen lassen. Da ist zum einen die Analyse gegenwärtiger und in naher Zukunft immer wahrscheinlicher werdender Bedrohungen, die als Kombination von traditionellen wie neuartigen Gefahren auftreten:

Die im Weißbuch 2006 aufgezeigten Risiken und Herausforderungen im Sicherheitsumfeld der Bundesrepublik Deutschland bestehen und entwickeln sich dynamisch fort. Als Trends zeichnen sich für die vor uns liegende Dekade u. a. ab:

- eine weiter steigende Bedrohung unserer Sicherheit durch nicht-staatliche Akteure,
- eine steigende Zahl Akteure, von denen eine Mischung traditioneller und asymmetrischer Risiken ausgeht, die sich nicht geographisch fixierbar im eigenen Land oder anderswo manifestieren können,
- ein zunehmendes Proliferationsrisiko von Massenvernichtungswaffen und deren Trägersystemen,
- der Aufstieg neuer staatlicher Akteure, die über wachsendes politisches und ökonomisches Gewicht auch unsere Werte, Normen und Interessen herausfordern werden,
- globale Destabilisierungsrisiken als Folge von Klimawandel und Ressourcenknappheit,
- die Auswirkungen der Finanz- und Wirtschaftskrise, die noch anhalten und die Möglichkeiten der westlichen Welt zu globaler Ordnungspolitik einschränken werden. (Bundesministerium der Verteidigung 2011a, S. 1).

In Erwiderung darauf macht aus Sicht der Bundesrepublik Deutschland ebenfalls nur eine Kombination von Fähigkeiten und Instrumenten der Sicherheitsvorsorge Sinn:

Dabei ist neben der konsequenten Ausrichtung auf den Einsatz hin zu berücksichtigen, dass multinationale Zusammenarbeit künftig noch an Bedeutung gewinnen wird. Es kommt daher nicht nur darauf an, eingegangene internationale Verpflichtungen verlässlich erfüllen zu können, sondern die Befähigung der Bundeswehr zum multinationalen Zusammenwirken mit unseren Partnern in NATO und EU durch konsequenten Aus- und Aufbau modularer und interoperabler Fähigkeitspakete zu verbessern und zu erweitern. (Bundesministerium der Verteidigung 2011a, S. 1)

Der Beitrag der Bundeswehr als Teil eines solchen „Kombinationswerkzeuges" und mithin die Notwendigkeit zur Binnen-Vernetzung wurden unter dem Stichwort „streitkräfte- und bundeswehrgemeinsamer Ansatz" derzeit wie folgt präzisiert:

Die Einsatzorientierung wird durch den streitkräfte- und bundeswehrgemeinsamen Ansatz gestärkt und konsequent umgesetzt. Nur bei ganzheitlicher Betrachtung aller Elemente der Bundeswehr kann mit den knappen Ressourcen die bestmögliche Wirkung erreicht werden. (Bundesministerium der Verteidigung 2011a, S. 5)

Solch ein ganzheitlich organisierter Kernbeitrag der Bundeswehr muss sich anschließend in einem größeren Ganzen wiederfinden, was zugleich die nachfolgende Notwendigkeit zur Außen-Vernetzung beinhaltet:

Die Möglichkeiten des multinationalen Fähigkeitsaufbaus sind zu verbessern. Finanzknappheit schafft neue Bereitschaft zur Kooperation im Rüstungsbereich, wobei die multinationale Harmonisierung militärischer Bedarfsforderungen ebenso an Bedeutung gewinnt wie die Interoperabilität mit unseren Verbündeten. (Bundesministerium der Verteidigung 2011a, S. 7)

Dieses letzte Zitat deutet bereits darauf hin, dass eine logische Herleitung der Notwendigkeit für vernetzte Strukturen nach dem Grundsatz „kombinierte Bedrohungspotenziale erfordern die Kombination eigener Ressourcen" allein nicht ausreicht. Vielmehr gilt es, für die beschriebene Binnen-Vernetzung der Bundeswehr, mehr aber noch bei den natürlichen Partnern für deren Außen-Vernetzung im nationalen wie internationalen Rahmen zu werben. Dabei können die unlängst erlebte globale Finanzkrise und deren weiter anhaltende Folgen ein guter Katalysator sein, zumal Vernetzung in der Praxis immer auch den Nachteil eines erhöhten Aufwandes zur Koordinierung mit Angehörigen anderer Organisationen in sich trägt und deswegen in „guten und friedlichen Zeiten" naturgemäß eher gemieden wird. Anders ausgedrückt: die grundsätzliche Erkenntnis, dass ein Problem nur im Team bewältigt werden kann, garantiert noch lange nicht den Erfolg einer Gemeinschaftsleistung, solange die Mitglieder im Team gänzlich verschiedenen Unternehmenskulturen angehören und v. a. von ihren internen Vorgaben und Prozessen bestimmt werden. Um ein solches Team zusammen zu bringen und zu halten, bedarf es starker äußerer Einflüsse und der Fähigkeit zum Kompromiss bei der Ausgestaltung einer gemeinsamen Herangehens- und Wirkungsweise.

3 Begriffe und Prinzipien sicherheitspolitischer Vernetzung

Nicht in erster Linie militärische, sondern gesellschaftliche, ökonomische, ökologische und kulturelle Bedingungen, die nur in multinationalem Zusammenwirken beeinflusst werden können, bestimmen die künftige Entwicklung. Sicherheit kann daher weder rein national noch allein durch Streitkräfte gewährleistet werden. Erforderlich ist vielmehr ein umfassender Ansatz, der nur in vernetzten sicherheitspolitischen Strukturen sowie im Bewusstsein eines umfassenden gesamtstaatlichen und globalen Sicherheitsverständnisses zu entwickeln ist. Deutschland setzt seinen Einfluss in den maßgeblichen internationalen und supranationalen Organisationen – von den Vereinten Nationen, der Europäischen Union, der Nordatlantischen Allianz, der Organisation für Sicherheit und Zusammenarbeit in Europa, dem Internationalen Währungsfonds und der Weltbank bis hin zum G8-Rahmen – ein, um Kohärenz und Handlungsfähigkeit der Staatengemeinschaft zu verbessern. (Bundesministerium der Verteidigung 2006, S. 20–21)

Dieser Anspruch aus dem „Weißbuch 2006" ist vermutlich die ehrgeizigste Formulierung, um sicherheitspolitische Vernetzung so umfassend wie möglich zu organisieren. Die Gefahr dabei ist jedoch, allein an der großen Zahl und an den zugehörigen Einzel-Logiken der miteinander zu harmonisierenden Akteure zu scheitern. Außerdem verschwimmen die Grenzen zwischen dem eigentlichen Mandatgeber Vereinte Nationen und allen möglichen Mandatnehmer-Konstellationen aus den hier genannten, aber auch weiteren denkbaren Nationen und Organisationen.

Im Gegensatz zu diesem im wahrsten Wortsinn umfassenden Ansatz lässt sich v. a. in der angelsächsisch geprägten Praxis der vergangenen Jahre beobachten, dass in Ausgestaltung eines *Comprehensive Approach* eine ganze Reihe von Teilmengen im einzelnen Anwendungsfall mehr Sinn machen können. Bei einigen Nationen findet sich so unter der Bezeichnung „3 D" ein loser Zusammenschluss von *Diplomacy – Defense – Development*, was noch dadurch begünstigt wird, dass dort die Entwicklungszusammenarbeit meist den Außenministerien fachlich untersteht. Geht es über diesen Nukleus hinaus und werden weitere Organe der Exekutive einbezogen, spricht man von einem *Whole-of-Government-Approach* (WoGA). Die bekannteste Ausprägung einer solchen Ressortgemeinsamkeit der letzten Zeit sind die in Afghanistan eingesetzten *Provincial Reconstruction Teams* (PRT), deren gelebte ganzheitliche Herangehensweise an die tägliche Projektarbeit aber nicht notwendigerweise zum Umkehrschluss einer Verstetigung der Abstimmungsmechanismen zwischen den entsendenden Ressorts in der Heimat führen muss. Zieht man den Kreis nochmals größer und bezieht weitere Vertreter und Organisationen der Zivilgesellschaft, der Wirtschaft, der akademischen Welt und weitere mit ein, lässt sich von einem *Whole-of-Society-Approach* (WoSA), bei Beschränkung auf eine einzelne Nation auch von einem *Whole-of-Nation-Approach* (WoNA) sprechen (Multinational Interoperability Council 2011a, S. 3–5).

Für das Funktionieren eines solchermaßen zusammen gewürfelten zivil-militärischen Teams gilt in der Theorie der folgende methodische Dreiklang:

- ein gemeinsames Problemverständnis herbeiführen;

- daraus eine abgestimmte Vision für die Problemlösung entwickeln;
- eine zugehörige harmonisierte Vorgehensweise vereinbaren und bei Bedarf anpassen.

Dabei sind insbesondere die Adjektive „gemeinsam – abgestimmt – harmonisiert" (im Englischen Original: *common understanding – mutually acceptable solution – harmonized activities*) bewusst gewählt und als Abstufung zu verstehen, da auch bei vollständiger Übereinstimmung in der Problemsicht die Bereitschaft aller Beteiligten hinsichtlich der Bindungswirkung für das jeweils eigene Handeln erkennbar abnehmen wird (Multinational Interoperability Council 2011a, S. 27–28).

4 Zustand der Vernetzten Sicherheit in Deutschland

Beginnend mit dem Koalitionsvertrag vom Oktober 1998 verpflichtete sich die damalige Bundesregierung zu einem Neuansatz für die Entwicklung und Anwendung von wirksamen Strategien und Instrumenten der Krisenprävention und der friedlichen Konfliktregelung. Dieser mündete im Sommer 2000 in die Verabschiedung des Gesamtkonzeptes der Bundesregierung „Zivile Krisenprävention, Konfliktlösung und Friedenskonsolidierung" mit in neun Punkten formulierten Grundsätzen und Prinzipien, welche wiederum im Mai 2004 im „Aktionsplan zur zivilen Krisenprävention, Konfliktlösung und Friedenskonsolidierung" mit 161 durch die Exekutive zu leistenden Einzelaktivitäten weiter ausgestaltet wurden. Das Gesamtkonzept betont dabei die Bedeutung von Abstimmung und Koordinierung zwischen nationalen und internationalen, staatlichen wie auch nicht-staatlichen Akteuren mit dem Ziel, eine auf die jeweilige Situation zugeschnittene Gesamtstrategie zu entwickeln. Durch einen effektiven Dialog sollten national die Zivilgesellschaft verstärkt in Bemühungen zur Krisenprävention einbezogen und im Ergebnis die verschiedenen, auf nationaler und internationaler Ebene entwickelten Instrumente eng miteinander verzahnt werden (Bundesregierung 2004, S. 18).

Bis auf den heutigen Tag sind einige der 2004 erdachten Einzelmaßnahmen ganz oder zumindest in Teilen umgesetzt worden, was sich in den mittlerweile drei Rechenschaftsberichten der Bundesregierung zur Umsetzung des Aktionsplanes nachlesen lässt (2006, 2008, 2010). Darunter sind auch eine Reihe aufbau- und ablauforganisatorischer Konstruktionen zur Verbesserung der ressortübergreifenden Abstimmung und Zusammenarbeit, z. B.:

- die Einrichtung eines „Ressortkreises Zivile Krisenprävention" im September 2004 unter Vorsitz des Auswärtigen Amtes (AA) und unter Beteiligung von designierten Vertretern anderer Ressorts. Dieses Gremium tagt in unregelmäßigen Abständen mehrmals pro Jahr, hat aber lediglich konsultative Rechte und Pflichten;
- die Konstitution eines den Ressortkreis ergänzenden „Beirat Zivile Krisenprävention" im Mai 2005, der in seiner Zusammensetzung aus Vertretern des öffentlichen Lebens in Deutschland für einen gezielten Austausch mit der Zivilgesellschaft führen sollte;
- die wöchentliche Nachrichtendienst-Lage im Bundeskanzleramt unter Beteiligung der mit Sicherheitsfragen befassten Ressorts zum Zweck der Krisenfrüherkennung;

- die monatliche Staatssekretärrunde der mit dem deutschen Engagement in Afghanistan befassten Ressorts (Auswärtiges Amt, Bundesministerien des Inneren (BMI), der Verteidigung (BMVg) und für wirtschaftliche Zusammenarbeit und Entwicklung (BMZ)). Seit September 2011 befasst sich diese Runde im Beisein eines Vertreters des Bundeskanzleramtes auch mit den krisenhaften Entwicklungen im Sudan (Sandawi 2011, S. 3–4).

Dem Vernehmen nach befinden sich der Ressortkreis Zivile Krisenprävention und damit zusammenhängend auch die Zuarbeiten seines zivilgesellschaftlichen Beirates seit geraumer Zeit selbst in der Krise. Das hat neben der aktuellen Konstellation handelnder Personen und der Vorgaben ihrer Ressorts v. a. auch mit den fehlenden Vollmachten beider Gremien zu tun, insbesondere bei der unüberwindlich erscheinenden Hürde angesichts des bundesdeutschen Haushaltsrechts über eigene Finanzmittel für lohnende gemeinsame Projekte verfügen und entscheiden zu dürfen.

Ergänzt werden diese Entwicklungen auf Ebene der Exekutivorgane in der Heimat um den Einsatz zivil-militärischer Strukturen in der Nordregion Afghanistans, für welche Deutschland international die Verantwortung übernommen hat, insbesondere in Form der Regionalen Wiederaufbau-Teams (PRT) in den Provinzen und dem *Senior Civilian Representative* (SCR). Im November 2011 einigte sich die Afghanistan-Staatssekretärsrunde der vier beteiligten Bundesressorts und des Bundeskanzleramts bei ihrer monatlichen Sitzung formell auf eine weiterentwickelte gemeinsame Struktur der deutschen PRT durch Übergang von einer gemeinsamen zivil-militärischen auf eine rein zivile Leitung vor, beginnend mit dem PRT Faisabad seit Dezember 2011 (Bundesregierung 2011, S. 29).[1]

Konzeptionelle Grundlage der ehrgeizigen und wahrhaft umfassenden Vision von 1998 war und ist ein „Erweiterter Sicherheitsbegriff", welcher politische, ökonomische, ökologische und soziale Stabilität umfasst. Dahinter steht ein grundlegendes Bekenntnis Deutschlands zur Achtung der Menschenrechte, sozialer Gerechtigkeit, Rechtsstaatlichkeit, partizipatorischer Entscheidungsfindung, Bewahrung natürlicher Ressourcen, Entwicklungschancen in allen Weltregionen und zur Nutzung friedlicher Konfliktlösungsmechanismen (Bundesregierung 2004, S. 12 und 87).

Im Gegensatz dazu ist der erst später im Zusammenhang mit der Herausgabe des „Weißbuch 2006" geborene Begriff der „Vernetzten Sicherheit" bis heute hauptsächlich eine „Militärvokabel" im Sprachgebrauch des Bundesministeriums der Verteidigung (BMVg) geblieben. Der darin enthaltene Versuch, den unstrittigen, aber v. a. visionären Erweiterten Sicherheitsbegriff durch intelligente Verknüpfung der zusehends an Trennschärfe verlierenden Abgrenzung nach Innerer Sicherheit und Äußerer Sicherheit praktisch weiter auszugestalten, scheitert in der Praxis am „Besitzerstolz" des dafür originär zuständigen Bundesministeriums des Innern (BMI) einerseits und des Auswärtigen Amts (AA) andererseits. Mithin bleibt es bei dem Zustand, dass sich mit dem „kleinsten gemeinsamen Nenner" der Erweiterten Sicherheit kein konsolidiertes nationales Konzept oder gar rechtliche Rahmenbedingungen verbinden lassen (Sandawi 2011, S. 1). Der sich daraus wiederum ergebende Zwang zum Kompromiss im Alltag gelebter Ressortgemeinsamkeit weist aber auch auf zwei tiefer sitzende Probleme in Deutschland hin:

---

1 Siehe hierzu auch den Beitrag von Minister Dirk Niebel im vorliegenden Band.

- das verfassungsrechtliche Spannungsfeld zwischen der Richtlinienkompetenz des Bundeskanzlers und der Ressortunabhängigkeit der fachlich jeweils zuständigen Bundesminister wie es im Artikel 65 des Grundgesetzes bewusst angelegt ist (Sandawi 2011, S. 1);
- die Besonderheit der Koalitionsregierungen in Deutschland seit 1966, in denen bisher immer der größere Koalitionspartner den Bundeskanzler stellt, während der kleinere Partner regelmäßig den Posten des Außenministers zugesprochen bekommt. Damit ist eine Abgrenzung entlang parteipolitischer An- und Grundsätze vorprogrammiert, welche sich eben auch in der Sicherheitspolitik niederschlägt und lediglich zeitlich befristete Kompromisse zulässt, nicht aber die dauerhafte Festschreibung oder gar Weiterentwicklung in der Praxis bewährter Prozesse und Organisationsformen (Neureuther 2011, S. 129).

Diese Bilanz von Licht und Schatten bei der Exekutive in Deutschland findet sich auch auf Seiten der Legislative wieder. Darauf soll an dieser Stelle aber nicht im Einzelnen eingegangen werden. Stattdessen wird auf die vollständige Herleitung und die ausgesprochen zutreffenden Bewertungen im Beitrag von MdB a. D. Winfried Nachtwei in diesem Sammelband verwiesen.

5 Zustand des Comprehensive Approach (CA) in der NATO

Das Thema eines ganzheitlichen sicherheitspolitischen Ansatzes kam formalisiert erstmals auf dem NATO-Gipfel in Bukarest im November 2008 auf und mündete in die Beauftragung eines *Comprehensive Approach Action Plan*. Zwei Jahre danach auf dem Gipfel in Lissabon wurde dieser mittlerweile in der Abarbeitung befindliche Plan noch um anzustrebende Verbesserungen der *Stabilisation & Reconstruction* (S&R)-Fähigkeiten der NATO ergänzt. Das ebenfalls in Lissabon verabschiedete neue Strategische Konzept der Allianz sagt diesbezüglich aus:

> The lessons learned from NATO operations, in particular in Afghanistan and the Western Balkans, make it clear that a comprehensive political, civilian and military approach is necessary for effective crisis management. The Alliance will engage actively with other international actors before, during and after crises to encourage collaborative analysis, planning and conduct of activities on the ground, in order to maximise coherence and effectiveness of the overall international effort. (NATO 2010b, Paragraph 21)

In dieser Formulierung verdienen die folgenden drei Dreiklänge eine Hervorhebung:

- konzeptionell der politische, zivile und militärische Ansatz, um das Attribut der Ganzheitlichkeit zu rechtfertigen;
- zeitlich der Geltungsanspruch vor, während und nach einer Krise;
- methodisch die Kollaboration mit internationalen Partnern in der Analyse (einer Problemstellung), Planung (zur Problemlösung) und Durchführung (der eigenen

Handlungen), also ganz im Sinne der unter o. a. Kapitel 3 aufgeführten theoretischen Prinzipien sicherheitspolitischer Vernetzung.

In der Umsetzung dieser Gipfelbeschlüsse entfaltet die NATO momentan die folgenden sieben CA-relevanten Hauptaktivitäten:

- NATO-interne Verbesserungen zu *Intelligence Sharing* für die Krisenfrüherkennung,
- Entwicklung von Einsatzgrundsätzen und von Fähigkeiten für *Expeditionary Operations* (einschließlich *Counter-Insurgency* (COIN) und S&R),
- Aufbau einer begrenzten zivilen *Crisis Management Capability* für Verbindungsaufgaben,
- Verbesserungen für das zivil-militärische Planen,
- Fähigkeiten für die Ausbildung von lokalen Sicherheitskräften in Krisengebieten,
- Identifikation und Ausbildung ziviler Spezialisten in den Mitgliedstaaten zur schnellen Verlegung bei ausgewählten Einsätzen,
- Erweiterung und Vertiefung politischer Konsultationen bzgl. Krisen in allen Phasen.

Hinsichtlich der ebenfalls zu verbessernden S&;R-Fähigkeiten stellt sich das derzeit angestrebte Spektrum wie folgt dar:

- Sicheres Umfeld (*safe and secure environment, freedom of movement*),
- Öffentliche Sicherheit (*Rule of Law*, Basis-Justizsystem),
- Grundlegende Versorgungsleistungen (Wasser, Nahrung, Unterkünfte, Sanitätsdienst, Straßen und Flugplätze, Elektrizität),
- Unterstützung humanitärer Hilfe (im Zusammenwirken mit Nichtregierungsorganisationen),
- Unterstützungsleistungen in Verwaltung und Entwicklung (*assistance to governance* einschl. *Security Sector Reform* (SSR), *mentoring* von Militär und Polizei, *Disarmament Demobilisation and Reintegration* (DDR)),
- Unterstützung örtlicher politischer Einrichtungen und wirtschaftlicher Infrastruktur (Wahlhilfe, Schlüssel-Infrastruktur, lokales Bildungs- und Gesundheitssystem).

Hier lässt sich unschwer erkennen, dass eine solch ambitionierte Zielvorstellung eher geeignet ist, zivile Partnerorganisationen abzuschrecken als zur Zusammenarbeit mit der NATO zu ermuntern. Von einer als solcher wahrgenommenen Militärorganisation wie der NATO wird nämlich in erster Linie das Schaffen eines sicheren Umfeldes erwartet, während alle anderen Fähigkeiten – ungeachtet ihres immer wieder betonten Unterstützungscharakters – eher das Risiko der unerwünschten Konkurrenz in sich tragen, v. a. in Abgrenzung zu Unterorganisationen der Vereinten Nationen und zu zahlreichen Nichtregierungsorganisationen.

Die NATO macht aber noch weitere Denkfehler im gutgemeinten Zugehen auf potenzielle Partner. Dazu zählt die durch zivile Organisationen immer wieder betonte „Geheimniskrämerei" bei der Einstufung und Weitergabe von Informationen, welche entgegen anderslautender Vorsätze in der Praxis immer noch zu oft dem Prinzip „*need to know*" anstelle von „*need to share*" unterworfen werden und damit eine faktische Einbahnstraße schafft. Dasselbe trifft zu, wenn in den neuen operativen Planungsprozessen der NATO zwar die Ausrichtung auf das zivile Umfeld sehr viel konsequenter abgebildet ist, sich aber dennoch in Entwürfen zu zukünftigen Einsatzgrundsätzen Sätze wie die folgenden finden: „*... interaction aimed to prevent conflict and enhance stakeholders' interoperability ... Once a crisis arises and the NCMP[2] is initiated, these partnerships are aimed at achieving a Comprehensive Approach in order to enhance the effectiveness and efficiency of the Alliance response at all levels* ". Damit entlarvt sich das Bekenntnis zu mehr Interoperabilität und zum *Comprehensive Approach* als Absicht zur einseitigen Verbesserung im Wirkungsgrad der Allianz, ggf. sogar auf Kosten der Ziele ziviler Partner.

Weitere Vokabeln der letzten beiden Jahre, die mögliche Partner aufhorchen lassen, sind die Schlagwörter „*unity of purpose*" und „*unity of effort*", welche erstmals in einer Zuarbeit des *Allied Command Transformation* (ACT) zu einem Bericht von Botschafter Sedwill in seiner Rolle als NATO *Senior Civilian Representative* (SCR) für Afghanistan an den NATO-Generalsekretär im Sommer 2010 auftauchten (NATO – Allied Command Transformation 2010, S. 6). Damit ist zunächst die Vorstellung verbunden, dass in Umsetzung eines durch die Vereinten Nationen gegebenen Mandates eine einheitliche Lagebeurteilung, Planung und Durchführung aller mandatnehmenden Entitäten anzustreben wäre („*coherent strategic assessment and design*"). Sieht man einmal davon ab, dass in Wirklichkeit die Vielzahl der Mandatnehmer und sonstigen Mandatbeteiligten in der Umsetzung zunächst ihrer jeweils eigenen Logik und ihren internen Verfahren folgt, so klingen „*unity of purpose*" und „*unity of effort*" für zivile Ohren doch gefährlich nach dem militärischen Begriff „*unity of command*". Im Gegensatz zu diesem Ordnungsprinzip ist die zivile Welt aber von Vielfalt und Heterogenität geprägt, und der „modus operandi" in Politik und Diplomatie betont eher Pluralität im Sinne von möglichst vielen Handlungsoptionen. Damit stehen sich aber die militärische Logik von Uniformität, möglichst langen Planungsvorläufen und einer hohen Planungsgüte und die zivile Logik nach größtmöglicher Handlungsfreiheit und schneller Anpassung an sich ändernde Verhältnisse scheinbar gegenüber. Da aber auch im militärischen Alltag die Erkenntnis „*no plan survives first contact*" gilt und Improvisationsvermögen wichtiger ist als das Beharren auf vermeintlich starren Strukturen und Regeln, gälte es diese gelebten Qualitäten gegenüber zivilen Partnern stärker zu betonen und gleichzeitig für eine möglichst konsistente gemeinsame Zielerreichung zu werben.

6 Zustand von NetOpFü in Deutschland

Vom 27. Februar bis 9. März [2012] wurde… mit dem Abschlussvorhaben Common Endeavour 12 (CE 12) an den Standorten Ulm, Bergen, Mechernich und Holzdorf ein Meilenstein auf dem Weg zur vernetzten Operationsführung erreicht. CE 12 war keine Übung, sondern eine Verfahrenserprobung. Dabei wurde anhand von zwei sogenannten „Anwendungsfällen" real und live überprüft, wie der Informations- und Kommunikationsverbund von der Zielaufklärung über die Entschlussfassung

---

2 NATO Crisis Management Process.

bis zur Zielbekämpfung technisch und verfahrensorganisatorisch funktioniert. Konkret ausgedrückt wurde überprüft, ob es möglich ist, z. B. Zieldaten in Echtzeit von einem AWACS Aufklärungsflugzeug über das Artillerie-Waffenführungssystem ADLER und dann vollautomatisch über das Führungs- und Informationssystem des Heeres und der Streitkräfte allen Land-, Luft- und Seestreitkräften des Szenars zur Verfügung zu stellen. Weiterhin gilt es, das am besten geeignete Waffensystem des Gefechtsfeldes reaktionsschnell zu finden, die Dringlichkeit abzuschätzen und die Zielbekämpfung auf niederer Hierarchieebene zu befehlen und zeitgerecht durchzuführen. (Scheppe und Kammerbauer 2012, S. 3)

Bei den beiden Anwendungsfällen, auf die hier Bezug genommen wird, handelte es sich um streitkräftegemeinsame taktische Feuerunterstützung und Flugabwehr in unteren und mittleren Abfangschichten. In der ministeriellen Weisungslage für CE 12 aus dem Jahr 2009 waren ursprünglich noch mehr Anwendungsfälle und deren Demonstration anlässlich einer Großübung im Jahr 2013 vorgesehen. Dennoch erfüllen die Ergebnisse und gesammelten Erfahrungen aus dieser vorgezogenen und abgespeckten Verfahrenserprobung ihren Zweck und erlauben es, eine Erstbefähigung der Bundeswehr zur Vernetzten Operationsführung zu konstatieren. Damit schließt sich im übrigen ein großer Kreis seit dem ersten Anschaltversuch verschiedener Flugabwehrsysteme von Heer, Luftwaffe und Marine anlässlich Common Arrangement 2004 und über die weiteren Stationen Common Umbrella 2006 (Gemeinsames Rollen-basiertes Einsatz-Lagebild, GREL) und Common Shield 2008 (vernetzter Schutzverband).

Das Fazit aus der Praxis dieser achtjährigen Konzeptions- und Experimentiererfahrung mit bereits in die Bundeswehr eingeführten Systemen lautet dabei aus dem Mund des für CE 12 verantwortlichen Befehlshabers des Kommandos Operative Führung Eingreifkräfte, Generalleutnant Markus Bentler, wie folgt:

Wir sind auf dem richtigen Weg und zuversichtlich, eine Empfehlung geben zu können, wie wir in der Zukunft NetOpFü erreichen und die verschiedenen IT-Inseln verbinden können.... Die technischen Probleme erachte er „als nicht unüberwindbar". Es gebe bereits Lösungen für ein automatisiertes und medienbruchfreies System. „Was wir aber intensiv üben müssen, ist das Zusammenwirken aller, um daraus sichere und verbindliche Verfahren zu entwickeln". (Scheppe und Kammerbauer 2012, S. 3)

Bereits 2 Monate vor Ablauf von CE 12 und der so in der experimentellen Praxis gesicherten Erkenntnisse stellte die neuartige, durch Staatssekretär Beemelmans in Kraft gesetzte „IT-Strategie des BMVg" fest:

Eine erste Befähigung zur NetOpFü ist aus informationstechnischer Sicht heute erreicht. Die eingeführten Systeme zur Unterstützung der Einsätze können jedoch nicht alle Anforderungen (z. B. Datenübertragungsraten im mobilen Bereich) erfüllen. Die multinationale Einbindung der Streitkräfte in allen Einsatzgebieten der Bw und die unzureichende Interoperabilität nationaler Systeme ergeben im Einsatz Fähigkeitslücken und erfordern bedarfsorientierte zusätzliche Ausstattungen. (Bundesministerium der Verteidigung – Staatssekretär Beemelmans 2012, S. 9)

Insgesamt besticht diese IT-Strategie durch ihre schonungslose Darstellung der durch zu lange geduldete Partikularinteressen eingetretenen Lage. Dabei ist von Insellösungen, eingeschränkter Interoperabilität im Datenaustausch, den vielen verschiedenen Führungs- und Waffen-Einsatzsystemen, mangelhafter IP-Fähigkeit[3] und den besonderen Schwierigkeiten im Umgang mit Informationsdomänen unterschiedlicher Sicherheitseinstufung die Rede.

Gleichermaßen überzeugend und richtig ist die Zielbeschreibung für die Zukunft:

Die Bundeswehr benötigt einen gemeinsamen, führungsebenenübergreifenden, national und multinational interoperablen und sicheren Informations- und Kommunikationsverbund, der IT-Services zur Verfügung stellt.... Wesentliche Voraussetzung für den wirkungsvollen Einsatz von Streitkräften ist dabei die Befähigung zur Vernetzten Operationsführung (NetOpFü).... Die multinationalen Einsatzerfordernisse bedingen eine bedarfsgerechte Vernetzung durch FüUstg-Kräfte/-Mittel[4] sowohl im stationären als auch im mobilen Einsatz. Dies umfasst auch die Integration von Sensor- und Effektorsystemen. Die informationsverarbeitenden Systeme – insbesondere im Einsatzland – müssen auf Informationen und IT-Services der NATO/EU und ggf. anderer Partner zurückgreifen können. Umgekehrt müssen nationale Systeme der NATO/EU und ggf. anderen Partnern Informationen und IT-Services bereitstellen können. Die informationsübertragenden Systeme sind modular, durchgängig vernetzbar, IP-fähig und in die multinationalen Einsatznetze integrierbar zu gestalten, um einen gleichzeitigen Sprach- und Datenaustausch zu ermöglichen. Die Nutzung Taktischer Datenlinks (TDL) ist im nationalen und multinationalen Rahmen sicherzustellen. Die Anwendungen und IT-Services müssen skalierbar und plattformunabhängig betrieben werden können.... Die Migration der bestehenden FüInfoSys zu einem serviceorientierten, skalierbaren plattformunabhängigen IT-System ist beginnend ab 2012... zu realisieren. In der Folge sind keine abgeschlossenen Systeme, sondern einzelne IT-Services zu realisieren. Diese sind auf einer gemeinsamen IT-Plattform zur Unterstützung der Führungs- und Geschäftsprozesse zur Verfügung zu stellen. Alle IT-Projekte sind an dieser serviceorientierten Architektur auszurichten, insbesondere auch bei der Migration der Führungsinformationssysteme. (Bundesministerium der Verteidigung – Staatssekretär Beemelmans 2012, S. 3, 6, 7, 15 und 17)

Neben einigen darin enthaltenen Tabu-Brüchen mit vormals für unumstößlich gehaltenen Vorgaben lässt diese IT-Strategie lediglich drei Ansätze für Kritik oder Zweifel zu:

- Die Zeitlinien für dieses neue und ausbaufähige IT-System sind im einzelnen ausgesprochen ehrgeizig. Da der Teufel bekanntlich im Detail steckt, könnten erste durch Finanzengpässe oder andere Kapazitätsgrenzen erzeugte Verzögerungen schnell dazu führen, dass die gesamte Zielsetzung wieder in Frage gestellt wird.

---

3 Internet Protocol.
4 Führungsunterstützung.

- Die Nutzerausbildung kommt in der gesamten Strategie nicht dezidiert vor. Da bereits in der Vergangenheit die querschnittlichen IT-Nutzer in der Bundeswehr als Autodidakten groß geworden sind, wird weiterhin das Potenzial gut ausgebildeter und mitdenkender Mitarbeiter verschenkt und außerdem eine Verstetigung in der Handhabung behindert.
- Obwohl sich das Dokument als ein *Living Document* versteht, wird der IT-Fortschritt in Teilen weiter rasant verlaufen und nicht in erster Linie durch militärische Kunden bestimmt werden. Hier könnte sich die fortlaufende Außen-Vernetzung mit militärischen und zivilen Partnern gerade im internationalen Bereich besonders problematisch entwickeln.

7 Zustand von NATO Net-Enabled Capabilities

Die oben genannten Schwierigkeiten in der NetOpFü-Zielerreichung der Bundeswehr vervielfachen sich naturgemäß innerhalb der NATO als einer konsensabhängigen Organisation aus 28 gleichberechtigten Partnern. Insbesondere die U.S.-Streitkräfte machen aufgrund ihrer Größe und ihrer ganz eigenen, bereits sehr diversifizierten IT-Landschaft aus Systemen und Verfahren die Suche nach Kompromissen für die NATO *Net-Enabled Capabilities* (NNEC) in der Praxis nicht immer einfach. Eine weitere Schwierigkeit besteht darin, dass sowohl hinsichtlich „Konsultation und Führungsverfahren" als auch bei „Nachrichtengewinnung und Informationen" rechtliche nationale Auflagen beachtet werden müssen, welche den Austausch bereits untereinander, erst recht aber mit Nicht-NATO-Partnern teilweise erheblich einschränken.

Daher ist es nicht verwunderlich, wenn versucht wird, v. a. das im mittlerweile über zehnjährigen Afghanistan-Einsatz entstandene Geflecht von Einzellösungen zur besseren Vernetzung untereinander systematisch zu bewerten und in Teilen als neue Allianz-Standards festzuschreiben. Neben den Erfahrungen mit dem *Afghanistan Mission Network* (AMN) werden dabei aber auch weitere vergangene und laufende Einsätze betrachtet wie bspw. in Bosnien-Herzegowina, im Kosovo, in Libyen, im Mittelmeer und vor der ostafrikanischen Küste. Ein erster Konzeptentwurf für solche *Future Mission Networks* (FMN) wird dabei für Mitte 2012 erwartet.

Ein weiterer empirischer Ansatz findet sich in dem jährlich wiederkehrenden Großvorhaben *CWIX: Coalition Warrior Interoperability eXploration, eXperimentation, eXamination, eXercise.* Dieses CWIX-Programm zielt darauf ab, die Interoperabilität NATO-eigener und nationaler Führungs-, Kommunikations- und Informationssysteme zu verbessern, indem

- Operateure unter Nutzung eines Szenarios reale Systeme im vernetzten Einsatz beüben,
- Tester die Möglichkeiten existierender und im Zulauf befindlicher Systeme auf ihre Feldverwendungsfähigkeit untersuchen,
- Ingenieure neue Vernetzungsmöglichkeiten und Prototypen auf ihr kurz- bis mittelfristiges Potenzial erproben und

- Wissenschaftler durch Kollaboration sich abzeichnende Interoperabilitätsstandards und Lösungsmöglichkeiten erforschen.

Bei CWIX 2011 wurden so die ausgewählten IT-Systeme von 18 teilnehmenden Nationen in neun sogenannten *Focus Areas*[5] insgesamt 113 Einzeltests mit über 5000 Interaktionen zugeführt. Für 2012 ist das Vorhaben noch ambitionierter und bestätigt einmal mehr, dass sich die CWIX-Serie in nur wenigen Jahren zum wichtigsten Praxistest für NNEC in der Allianz entwickelt hat (NATO – Allied Command Transformation 2011c).

Ergänzt werden alle diese Aktivitäten auf konzeptioneller Seite durch die jährliche NNEC-Konferenz. Diese stand im Mai 2011 in Helsinki unter dem Thema „*Comprehensive Approach – NNEC as an enabler*". Dabei wurde mit Blick auf die Unterstützungsfunktion von NNEC u. a. festgestellt, dass

- in einer vernetzten Umgebung das Hauptaugenmerk auf dem Personal liegen muss, noch vor Grundsätzen (*Policy*), Einsatzverfahren (*Doctrine*) und Prozessen, und erst in letzter Instanz auf dem Schaffen der technischen Voraussetzungen. Die oftmals vorherrschende Konzentration auf technische Machbarkeiten im Zuge neuer IT-Entwicklungen ist somit sogar ein Hindernis, wenn nicht zuvor die rollengerechten Anwendungen und die damit zusammenhängenden Voraussetzungen und Verfahren bedacht wurden.
- Der Mehrwert solchermaßen intelligent vernetzter Strukturen im zeitgerechten Verfügbarmachen von Informationen für schnellere und qualitativ bessere Entscheidungen und den sich daraus ergebenden Handlungsanweisungen in einer Organisation bzw. in einem Verbund besteht.
- Beispielhaft insbesondere vernetzte Führungsstrukturen von Luftstreitkräften (*Air Command Control Systems*, ACCS) einen Zugewinn an Leistungsfähigkeit erfahren.
- Bei der Vernetzung mit nicht-militärischen Partnern oftmals die Komplexität des sich daraus ergebenden neuartigen Informationsaustauschbedarfs unterschätzt wird.
- Sich auch in der NATO die Hinwendung zu einer serviceorientierten IT-Unterstützung noch ganz am Anfang befindet.

8 Folgerungen

Im Entwurf eines Erfahrungsberichtes der NATO zur Operation UNIFIED PROTECTOR steht als eine der Haupterkenntnisse aus dem Libyen-Einsatz im Jahr 2011: „*NATO needs less Comprehensive Approach and more kinetic training*". Dahinter steckt zum einen die Sorge nach dem Verlust militärischer Kernfähigkeiten, insbesondere in Verbindung mit Kampfeinsätzen hoher Intensität und verursacht durch eine übermäßige Konzentration auf die Koordinierung mit nicht-militärischen Partnern. Daraus spricht aber auch die Perzeption, dass sich der Bedarf nach einem *Comprehensive Approach* v. a. im Zuge der

---

5 *Battlespace Management, Joint Fires, Service-Oriented Architecture, Geospatial, Logistics/ Movement & Transportation/Medical, Multinational Interoperability Program (MIP), Multilevel Security, MTF, Ballistic Missile Defence*.

Langzeit-Stabilisierungsoperationen auf dem Balkan und im Nahen und mittleren Osten eingestellt hat. Dort beschränkt sich der Militärbeitrag hauptsächlich auf das Herstellen eines sicheren Umfeldes als Voraussetzung für gesamtpolitische Lösungen, in deren Rahmen auch noch weitere militärische Unterstützungsleistungen sinnvoll sein können (z. B. *Humanitarian Assistance/Disaster Relief, Stabilisation & Reconstruction*). Allerdings verkennt das obenstehende Zitat, dass auch während eines kinetisch geführten, hochintensiven Kriegseinsatzes die zivile Welt darum herum nicht stehen bleibt, und dass spätestens gegen Ende der Kampfhandlungen wieder vernetzte Lösungen mit anderen Akteuren zum Tragen kommen müssen.

Der in diesem Artikel vorgenommene Versuch einer Mehrjahres-Bilanz und aktuellen Standortbestimmung zu Vernetzter Sicherheit/*Comprehensive Approach* könnte mithin so interpretiert werden, dass es für die Behandlung krisenhafter Entwicklungen in der Welt zunächst einer klaren und schnellen Mandatierung durch die Vereinten Nationen bedarf. Daraus abgeleitet wäre eine systematisierte Mandatnahme durch Regionalorganisationen mit einem festen Kern bereits vernetzter Akteure einschließlich einer einheitlicher Problemsicht und standardisierter Vorgehensweise wünschenswert. Angesichts der realen Verhältnisse nationaler Interessen und der Agenden Internationaler wie Nichtregierungsorganisationen wird sich der Zwang zum Kompromiss in wechselnden Konstellationen aber bis auf weiteres fortsetzen. Um dennoch eine Harmonisierung im Sinne einer „*Win-Win*-Situation" zu erzeugen, sind die Flexibilität möglichst vieler Beteiligter, die fortgesetzte Suche nach sinnvollen „Minimal-Spielregeln" und die konsequente Betonung von Team-Fähigkeit gefragt.

Ähnlich verhält es sich bei der Bilanzierung von Vernetzter Operationsführung/NNEC als dem Skelett für die Bereitstellung militärischer Fähigkeiten zu einer ganzheitlichen Herangehensweise. Hier sind Modularität und Interoperabilität von IT-Systemen und Führungsverfahren wichtiger als die Optimierung von Einzelsystemen und -Prozessen. Die neue und neuartige IT-Strategie des BMVg vom Januar 2012 ist daher ein guter, ehrlicher und mutiger Schritt. Es wird viel Kraft in der Umsetzung erfordern, diese Strategie konsequent zu verfolgen und im multinationalen Kontext für ein äquivalentes Verhalten anderer zu werben. Dabei spielen die Streitkräfte der Vereinigten Staaten von Amerika schon aufgrund ihrer Größe, der Abdeckung eines qualitativ wie quantitativ besonders breiten Fähigkeitsspektrums und ihrer Möglichkeit zu einem im Zweifelsfall weltweiten Engagement im nationalen Alleingang eine immer zu bedenkende Schlüsselrolle.

Literatur

Bundesministerium der Verteidigung. (2003). *Verteidigungspolitische Richtlinien*. Berlin.
Bundesministerium der Verteidigung. (2004). *Konzeption der Bundeswehr*. Berlin.
Bundesministerium der Verteidigung. (2006). *Weißbuch 2006 zur Sicherheitspolitik Deutschlands und zur Zukunft der Bundeswehr*. Berlin.
Bundesministerium der Verteidigung. (2011a). *Leitlinien zur Ausplanung der neuen Bundeswehr*. Berlin.
Bundesministerium der Verteidigung. (2011b). *Die Reform der Bundeswehr: Ein Überblick*. Berlin.

Bundesministerium der Verteidigung – Der Bundesminister. (2011a). *Eckpunkte für die Neuausrichtung der Bundeswehr*. In Anlage zur Niederschrift der 172. (Politischen) Ausschusssitzung des Ausschusses für Verteidigung. Berlin.
Bundesministerium der Verteidigung – Der Bundesminister. (2011b). *Verteidigungspolitische Richtlinien*. In Anlage zur Niederschrift der 172. (Politischen) Ausschusssitzung des Ausschusses für Verteidigung. Berlin.
Bundesministerium der Verteidigung – Staatssekretär Beemelmanns. (2012). *IT-Strategie des BMVg*. Berlin.
Bundesministerium der Verteidigung. (2012). *Integrierter Planungsprozess* (Entwurfsversion 3.6). Bonn.
Bundesregierung. (2004). *Aktionsplan zur zivilen Krisenprävention, Konfliktlösung und Friedenskonsolidierung*. Berlin.
Bundesregierung. (2011). *Fortschrittsbericht Afghanistan zur Unterrichtung des Deutschen Bundestages*. Berlin.
Multinational Interoperability Council, MIC. (2011a). *Comprehensive Approach Framework – A Military Perspective* (Version 2.0). Arlington.
Multinational Interoperability Council, MIC. (2011b). *Coalition Building Guide* (2. Aufl.). Arlington.
NATO. (2008). *Proposals to develop and implement NATO's contribution to a Comprehensive Approach*. Bukarest.
NATO. (2010). *Declaration by the Heads of State and Government of the Nations contributing to the UN-mandated, NATO-led International Security Assistance Force (ISAF) in Afghanistan*. Lissabon.
NATO. (2010a). *Lisbon Summit Declaration*. Lissabon.
NATO. (2010b). *The Alliance's Strategic Concept*. Lissabon.
NATO. (2011). *Updated list of tasks for the implementation of the Comprehensive Approach Action Plan and the Lisbon Summit decisions on the Comprehensive Approach*. Brüssel.
NATO. (2012). *Future Mission Network Scoping Paper*. Brüssel.
NATO – Allied Command Transformation. (2010). *Supporting the Comprehensive Approach dialogue*. Norfolk.
NATO – Allied Command Transformation. (2011a). *Study on Nations' Approaches to Comprehensive Approach*. Norfolk.
NATO – Allied Command Transformation. (2011b). *2011 NATO Net-Enabled Capabilities Conference Report*. Norfolk.
NATO – Allied Command Transformation. (2011c). *NATO Coalition Warrior Interoperability eXploration, eXperimentation, eXamination, eXercise – NATO CWIX 2011 Final Report*. Norfolk.
Neureuther, J. (2011). Der Transformationsprozess und die Fähigkeit zur Interoperabilität: Wertschöpfung durch Vernetzung in Deutschland. In T. Jäger, & R. Thiele (Hrsg.), *Transformation der Sicherheitspolitik* (S. 117–131). Wiesbaden: VS Verlag für Sozialwissenschaften.
Olshausen, K. (2011). NATO and its New Strategic Concept – Aspirations and Limitations in a Sphere of Ambiguity. *European Security and Defense*, 1/2011, 12–15.
Rintakoski, R., & Autti, M. (2008). Comprehensive Approach – Trends, Challenges and Possibilities for Cooperation in Crisis Prevention and Management. In *Crisis Management Initiative: Seminarband Comprehensive Approach Seminar*. Helsinki.
Sandawi, S. (2011). *Comprehensive Approach in Germany: Progress, Frictions and Perspectives*. Strausberg.
Scheppe, C., & Kammerbauer, H. (14. März.2012). Vernetzte Operationsführung – Die Zukunft hat begonnen. *Behördenspiegel*, *39*, 3.

„Vernetzte Sicherheit" im Alltag eines Korps: Ein Versuch des I. Deutsch-Niederländischen Korps neue Wege zu gehen

Ton van Loon

Zusammenfassung: Ohne Zweifel hat das Projekt COMMON EFFORT das I. Deutsch-Niederländische Korps auf dem Weg zu einem *Interagency Capable Joint Headquarter* einen großen Schritt nach vorne gebracht. Die Etablierung eines umfangreichen Netzwerkes mit zivilen Partnern ist gelungen. Es kommt nun darauf an, weiter zu machen und andere Akteure – insbesondere die Politik – davon zu überzeugen, dass nur eine institutionalisierte Vorgehensweise dauerhaft Verbesserungen bringt.

Schlüsselwörter: I. Deutsch-Niederländisches Korps · COMMON EFFORT · Ressortübergreifendes Training · Vernetzte Sicherheit · Zivil-militärische Einsatzvorbereitung

A Comprehensive Approach is Put into Praxis: The 1. German-Netherlands Corps Explores New Ground

Abstract: The project COMMON EFFORT is undoubtedly an effective method to train and to improve a comprehensive approach. It started to close the gap between the strategically acknowledged call for comprehensiveness and the practical operational way to do so and is especially useful and very efficient to enhance mutual understanding. The most desirable approach is to institutionalize civil-military training programs on the governmental level. Any civil participation will surely depend on the benefit they might get for their own organization/personnel.

Keywords: 1. German-Netherlands Corps · Comprehensive Approach · COMMON EFFORT · Mutual understanding · Training platform

---

© VS Verlag für Sozialwissenschaften 2012

Generalleutnant Toon van Loon ist Kommandierender General des
I. Deutsch-Niederländischen Korps.

Generalleutnant T. van Loon (✉)
I. Deutsch-Niederländisches Korps
Hindenburgplatz 71, 48143 Münster, Deutschland
E-Mail: PAO@1GNC.org

1 Vorbemerkungen

Vernetzte Sicherheit ist ein Konzept der deutschen Außen- und Sicherheitspolitik und wurde 2006 im Weißbuch des Bundesministeriums der Verteidigung erstmals offiziell eingeführt. Das Konzept erfordert einen Ansatz, der nur in vernetzten sicherheitspolitischen Strukturen gewährleistet ist.

Es stellt sich die Frage, *wo* und *wie* sich Investitionen in eine vernetzte Sicherheitsarchitektur lohnen, aber auch *wo* und *wodurch* eine mögliche Zusammenarbeit begrenzt wird. Sicherheit kann allein durch Streitkräfte nicht gewährleistet werden. Der alleinige Einsatz von Militär zur Krisenbewältigung, aber insbesondere auch zur Krisenverhütung reicht nicht aus. Die Realität sieht heute anders aus als in der Zeit des Kalten Krieges. Früher hat es Planungen gegeben, da Risiken durchaus vorhanden waren. Gebrannt hat es früher nie. Heute brennt es! Die Komplexität der heutigen Einsätze macht die Zusammenarbeit vieler Kräfte einfach notwendig. Ich glaube nicht, dass heute eine Nation noch in der Lage ist, alleine in einen Einsatz zu gehen. Diese Einsätze werden immer multinational geprägt sein. Deshalb müssen wir auch multinational üben. Dies schließt ausdrücklich auch die verbesserte, intensive Zusammenarbeit mit allen zivilen Partnern ein.

Der heutige Terrorismus besteht zu 90 % aus Propaganda und zu 10 % aus Aktion. Wir reagieren darauf aber mit 90 % Aktion, ohne diese ausreichend zu erläutern. So sind in Afghanistan die Taliban nur ein Teil des Problems. Die Korruption ist meines Erachtens fast gefährlicher. Diese können wir jedoch nur durch Gespräche, nicht aber mit Drohnen eindämmen. Schließlich geht es immer um Menschen, nicht nur um Feinde. Die Afghanen wollen leben, d. h. zunächst essen und Sicherheit, danach kommt die Demokratie. Die Menschen wollen befreit werden von Gestalten mit Kalaschnikows. Mindestens die Hälfte der Afghanen, nämlich die Frauen, will nicht, dass wir gehen, sie können es aber nicht immer sagen.

Die Situation in Afghanistan erfordert v. a. zwei Dinge: Wir müssen lernen, Verständnis für die Verhaltensweisen der Menschen dort aufzubringen, und genau erklären, was wir tun. Wenn wir zu letzterem nicht in der Lage sind, sollten wir es besser bleiben lassen. Der Versuch, ein neues Afghanistan *von oben* zu bauen, hat sich als falscher Weg erwiesen. Alle haben Fehler gemacht, ob Politik, Militär und auch die Entwicklungshilfe. Präsident und Regierung sind vorhanden, aber keine Verwaltung. Stellen sie sich die Bundesrepublik Deutschland vor mit Bundeskanzler aber ohne Verwaltung und eine Polizei, die nur an sich selber denkt. Irgendwann müssen Präsident Hamid Karsai und dessen Regierung die Verantwortung übernehmen. Unsere Hilfe ist endlich. Deshalb gilt es nun, gemeinsam mit Institutionen wie den Vereinten Nationen und der internationalen Entwicklungshilfe klare Ziele zu definieren.

Die Frage muss lauten: Wo wollen wir hin? Nach rechts oder links? Es muss aber auch insbesondere die Frage gestellt werden, wo wir nicht hinwollen! Einigkeit zwischen allen Akteuren muss auch darin bestehen, Effekte zu definieren, die nicht erreicht werden sollen. Und nach der Entscheidung muss es dann in eine Richtung gehen! Klar muss sein, dass Soldaten nicht bauen, sondern nur die Voraussetzungen schaffen können, Aufbau möglich zu machen. Von der Idee, eine perfekte Welt zu schaffen, müssen wir uns verabschieden. Das Ziel sollte aber sein, ihr möglichst nahe zu kommen. Wir können Afghanistan nur in die richtige Richtung lenken.

In einem Ansatz Vernetzter Sicherheit spielt die Abstimmung und Bündelung von Ressourcen eine wesentliche Rolle. Die Streitkräfte sind dabei nur ein Akteur auf dem Spielfeld und besitzen sicherlich eine einmalige Fähigkeit, die andere Partner nicht besitzen, nämlich die Befähigung zum Kampf. Der militärische Beitrag bei der Bewältigung eines Konfliktes ist aber eben nur ein Baustein. Der Beitrag von Streitkräften zum Aufbau einer Regierung und Verwaltung eines Staates und die Entwicklungsarbeit sind sicherlich nicht die Hauptaufgaben von Soldaten. Oftmals werden Streitkräfte aber in diese Rolle gedrängt, da ein Vakuum besteht, oder sie nehmen sich dieser Aufgaben an, da niemand vor Ort ist, der die entsprechende Verantwortung übernehmen kann und will.

Die gemeinsamen Anstrengungen aller Akteure, und das schließt die Gastnation ausdrücklich mit ein, denn diese wird oftmals vergessen und ist schließlich der hauptsächliche Grund für einen Einsatz, müssen gemeinsam abgestimmt sein, um Erfolg zu haben. Jeder muss seinen Beitrag leisten und seine Kernfähigkeit einbringen.

Ziel einer Vernetzung ist aus meiner Sicht und beruhend auf meinen Erfahrungen die optimale Nutzung aller vorhandenen Ressourcen. Jeder sollte das tun, was er kann. Jeder Partner muss seine Rolle klar definieren und die Rolle der anderen Akteure verstehen und akzeptieren. Dies erfordert auch gemeinsames Training. Nur was im Frieden trainiert wird, kann in einer Mission zur Anwendung kommen.

Für das I. Deutsch-Niederländische Korps sind drei Leitmotive prägend: ständige Einsatzbereitschaft, Ausbildung und das Nachdenken über Verbesserungsmöglichkeiten. Hartes und multinationales Training bildet dabei das Fundament. Auch interne Überlegungen zur Verbesserung der Arbeitsabläufe und v. a. eine grundlegende Umgliederung des Korpsstabes sollen klar zum Ausdruck bringen, dass ich das I. Deutsch-Niederländische Korps in einer Schlüsselrolle zur ständigen Verbesserung der Fähigkeiten der NATO auf europäischer Seite sehe, sich weltweiten Sicherheitsherausforderungen zu stellen.

So bestreiten wir seit Januar 2012 mit der Erprobung einer 50-köpfigen Abteilung *Communication and Engagement* (C&E) einen neuen, einzigartigen Weg. Als strategische Kommunikationseinheit bündelt diese neue Abteilung alle Außenkontakte des elf Nationen umfassenden Hauptquartiers. Mit dem *Public Affairs Office* steht C&E die interne wie externe Kommunikation eines klassischen Pressezentrums zur Verfügung. Ebenfalls sind die Fähigkeiten Informationsoperationen (InfoOps) und Operative Information (PsyOps), die traditionell im Bereich der Operationsführung angesiedelt sind, in der neuen Abteilung abgebildet. Wichtiger Bestandteil von C&E ist auch die Zivil-Militärische Zusammenarbeit, für die sich die G9 (CIMIC)-Abteilung verantwortlich zeigt. Seit mehr als einem Jahr wird die Zusammenarbeit mit zivilen Partnern in einem so genannten *Interagency Centre* erprobt. Dieses Zentrum soll als Plattform für den gegenseitigen Informationsaustausch dienen und die Kooperation, Abstimmung und soweit wie möglich auch die gemeinsame Planung zwischen Militär, Regierungs- und Nichtregierungsorganisationen besser als bisher ermöglichen.

Mit dem Projekt COMMON EFFORT haben wir im letzten Jahr ein Konzept entwickelt, wie wir als Streitkräfte zusammen mit unseren zivilen Partnern die Vernetzte Sicherheit trainieren und in die Praxis umsetzen können. Die Ausrichtung auf ein gemeinsames Ziel stand hierbei im Vordergrund. Gegenseitiges Kennenlernen und Verstehen, Gleichberechtigung aller Partner von Beginn an, Ausloten der Möglichkeiten der Zusammenarbeit, aber auch der Grenzen, sowie die Erarbeitung und Durchführung einer gemeinsamen praktischen Übung und Analyse waren die Ziele dieses bislang einmaligen Projektes.

Nachdem ich kurz meine persönlichen Erfahrungen zur praktischen Umsetzung des *Comprehenisve Approach* aus meinem Einsatz als Kommandeur in Afghanistan skizziere, möchte ich das Projekt COMMON EFFORT detaillierter beschreiben.

2 Als Kommandeur in Kosovo und Afghanistan – oder Vernetzte Sicherheit in einem Konflikt

Während meines Einsatzes im Kosovo lernte ich den *Comprehensive Approach* unter schwierigen Bedingungen kennen. Wenngleich die UN-Resolution 1244 (1999) deutlich erklärte, dass das Militär solange für die Verwaltung verantwortlich sei, bis die *United Nations Interim Administration Mission in Kosovo* (UNMIK) und später die örtliche Bevölkerung, unterstützt durch externe zivile Stellen, übernehmen könne, waren wir kaum darauf vorbereitet. Unmittelbar nach Eintreffen vor Ort wurde deutlich, dass dies unsere Hauptaufgabe sein würde. So sah ich mich plötzlich mit Einheimischen konfrontiert, die einige Plünderer in der Erwartung übergaben, dass ich diese verurteilen würde. Ich verfügte nicht über die entsprechende Fachexpertise, um dies zu tun, da weder die versprochenen Richter bereits eingetroffen waren noch entsprechende Einrichtungen zur Verfügung standen. Gesunder Menschenverstand und einige Soldaten, die ein Gefängnis aufbauten, waren die Lösung. Auch das Krankenhaus, die Feuerwehr und sogar die Post brauchte am Anfang jemanden, der sich darum kümmerte.

Wie so oft sahen wir uns auch mit dem Organisierten Verbrechen konfrontiert. Ein Problem waren Menschenschmuggler, die es auf junge Mädchen abgesehen hatten. Unsere *Checkpoints* spielten eine große Rolle dies zu unterbinden. Sowohl die deutsche Brigade als mein niederländisch-deutsch-türkisches Bataillon handelten nach dem Leitspruch: „Es gibt viel zu tun, packen wir es an". Bessere Vorbereitung mit Experten hätte aber vieles leichter gemacht!

In Afghanistan war der Modus Operandi, Gebiete von „Taliban" zu säubern. Wenn ein Gebiet gesäubert war, zog das Militär aber ab und die „Taliban" übernahmen oft wieder die Kontrolle. Meine Erfahrung hatte mich gelehrt, dass eine Säuberung eines Gebietes keinen Sinn macht, wenn man es nicht besetzt (hält) und es dauerhaft (bauen) in etwas verwandelt, das für die Bevölkerung vorteilhafter ist als die Unterstützung der „Taliban". Daher hatten wir immer die Absicht, Pläne zu erstellen, die nicht „Halten", sondern „Bauen" als Ausgangspunkt nahmen.

Meine Planer sollten aktiv prüfen, wo es Sinn machte, etwas zu bauen. Zu diesem Zweck wurden zahlreiche Gespräche mit örtlichen Afghanen, internationalen Organisationen und der US-Entwicklungshilfeorganisation USAID sowie den Botschaften geführt. Nicht nur zur Koordination sondern auch, um gegenseitiges Vertrauen und Verständnis für die Ziele und Arbeitsverfahren anderer aufzubauen. Gut investierte Zeit, aber für die Afghanen eigentlich verlorene Zeit, da das meiste schon vor dem Einsatz hätte erfolgen können.

Nachdem soweit wie möglich gemeinsam mehr oder weniger festgelegt wurde, wie die Welt nach der erfolgreichen Bekämpfung der Aufständischen (*Clear*) aussehen

"Vernetzte Sicherheit" im Alltag eines Korps 105

Abb. 1: Der Autor bei der Befehlsausgabe während eines Einsatzes in Afghanistan. (Quelle: I. Deutsch-Niederländisches Korps)

sollte, wurde die Operation „Baaz Tsuka" im Panjavi Tal in Kandahar gestartet. Nach der militärischen Operation übernahmen die örtlichen Ältesten zusammen mit verschiedenen Nichtregierungsorganisationen (NGO) und internationalen Organisationen (IO) die Hauptverantwortung für das Gebiet. Der Gouverneur und der afghanische militärische Führer spielten in dieser *Hold*-Phase bewusst eine sichtbare Rolle. Haben Sie jemals einen afghanischen Bataillonskommandeur gesehen, der zusammen mit einer NGO Hilfsmittel verteilt? (Abb. 1).

Später versuchten wir das gleiche Konzept während der Operation „Achilles" in und am Sangin Tal in der Provinz Helmand. In diesem Tal war es erforderlich, einen von vier Generatoren des Kajaki-Damms neu zu errichten und zu betreiben. Dieser würde annähernd zwei Millionen Menschen in der Nähe des Damms mit Elektrizität und Wasser zur Bewässerung versorgen. Das Projekt war eine gute Möglichkeit, einen großen Anreiz für die Entwicklung im Gebiet zu generieren, wodurch ein Kampf zusammen mit den „Taliban" plötzlich wesentlich weniger attraktiv aussehen würde.

Die Aufbau- und Haltephasen versuchte ich mit möglichst wenig ISAF-Truppen durchzuführen, da diese hierfür nicht besonders geeignet sind und es zudem nicht die Führungsrolle örtlicher Führer betont. Die Zusammenarbeit mit einigen IOs, NGOs und Führern vor Ort war nicht immer einfach. Wie tritt man miteinander in Kontakt, wenn wir als Soldaten auf unzugänglichen Inseln hinter Stacheldraht leben? Wie kommuniziert man, wenn man nur mit geheim eingestuften Telefonen arbeiten darf? Wie geht man damit um, dass Einige nicht in direktem Kontakt mit einem gesehen werden wollen? Wir versuchten, ein Chai-Haus zu unterhalten – ein Treffpunkt im afghanischen Stil, bei dem bewusst auf alle Aspekte der militärischen Sicherheit verzichtet wurde. Aber wir nutzten auch die Netzwerke der betreffenden Botschaften. Letzteres verlangte die notwendige Investition in den Aufbau von Beziehungen. Eigenartig, dass dies notwendig war, insbesondere, wenn man derselben Nation angehörte. Für mich besteht kein Zweifel, dass wir von Anfang an viel effektiver hätten handeln können, wenn wir vor dem Einsatz gemeinsam darüber nachgedacht hätten, was wir gemeinsam erreichen können und wollen. Ob man das vernetzte Operationen nennt oder nur gesunden Menschenverstand – wichtig ist, dass wir Mechanismen entwickeln, die dies ermöglichen.

Wie habe ich diese Erfahrungen in meiner derzeitigen Position als Kommandeur des I. Deutsch-Niederländischen Korps genutzt? Die Antwort liegt in der Übung COMMON EFFORT.

3 COMMON EFFORT – oder Vernetzte Sicherheit trainieren

„Wir sind davon überzeugt, dass Zusammenarbeit bereits vor einem Einsatz erfolgen sollte". Das ist die gemeinsame Überzeugung der Teilnehmer am Projekt COMMON EFFORT. Unter der Leitung der Außenressorts der Niederlande und Deutschlands beteiligten sich mehr als 30 staatliche, nicht-staatliche und internationale Organisationen rund ein Jahr lang an der Vorbereitung einer gemeinsamen, experimentellen Übung mit dem I. Deutsch-Niederländischen Korps. Im September 2011 nahmen fast 500 Teilnehmer, darunter etwa 140 Vertreter ziviler Organisationen und Institutionen, an der einwöchigen Übung in Münster teil.

3.1 Warum COMMON EFFORT?

Wie oben bereits erwähnt erfordern neue sicherheitspolitische Herausforderungen neue (koordinierte) Antworten. Die Sicherheitsrisiken einer globalisierten Welt überschreiten nationale Grenzen und sind in ihren Erscheinungsformen zu einem großen Teil asymmetrisch. Sie entstehen häufig aus einer Gemengelage von politischen, sozialen, wirtschaftlichen und bisweilen auch ökologischen Ursachen.

Das I. Deutsch-Niederländische Korps hat ein Konzept entwickelt, wie man bereits vor einem Einsatz die Zusammenarbeit im Rahmen der Vernetzten Sicherheit bzw. des niederländischen 3D-Ansatzes (*Diplomacy, Defence and Development*) gemeinsam mit zivilen Partnern verbessern und üben kann. Dem Grundsatz folgend, dass die Kooperation bereits beginnen soll, bevor man sich im Einsatz begegnet, wurde das Projekt COMMON EFFORT initiiert. Grundidee war es, verschiedene Organisationen zu einer kontinuierlichen Mitarbeit zu gewinnen, um Chancen und Herausforderungen einer verbesserten Zusammenarbeit im Rahmen der Vernetzten Sicherheit im unmittelbaren Miteinander zu erkennen und gemeinsam analysieren zu können.

3.2 Von der Idee zur praktischen Erprobung

Das gesamte Projekt COMMON EFFORT war in zwei sich überschneidende Phasen aufgeteilt. Von den beteiligten Organisationen wurde über einen Zeitraum von zehn Monaten ein Konzept entwickelt, das zugleich den Rahmen für eine praktische Übung im September 2011 bildete. Die Konzeptentwicklung erfolgte in sogenannten *Interagency Working Groups* (IAWG).

Bereits im November 2010 trafen sich rund zwanzig Repräsentanten der Ministerien, Organisationen und Institute zu einer ersten IAWG in Billerbeck bei Münster. Es galt, vom Erfahrungsschatz aller Repräsentanten zu profitieren und durch einen offenen und konstruktiven Austausch gleichberechtigter Partner Handlungsfelder und Verbesserungspotenzial im Bereich möglicher Zusammenarbeit zu identifizieren.

Das I. Deutsch-Niederländische Korps stellte das Konzept einer zivil-militärischen Übung vor. Ganz bewusst sollte dabei vom bisherigen Muster der Beteiligung ziviler Partner an militärischen Übungen abgewichen werden. Bislang hatte sich das Korps – wie wohl die Masse militärischer Stäbe und Hauptquartiere – darauf beschränkt, Vertreter ziviler Organisationen als so genannte *Role Player* für Übungen und Planspiele einzuladen. Das Ergebnis war, dass das Korps seine Übungen weitgehend eigenständig und mit begrenzter ziviler Beteiligung angelegt hatte. Die zivilen Rollenspieler konzentrierten sich ausschließlich auf eine, meist von der Übungsleitung festgelegte Rolle. Diese Art von militärischen Übungen mit einem Hauch ziviler Beteiligung wurde der komplexen Wirklichkeit nur eingeschränkt gerecht und hatte so gut wie keinen Weiterbildungs- oder Trainingseffekt für die involvierten zivilen Organisationen.

Mit der Übung COMMON EFFORT schlugen wir einen neuen Weg vor. Diesmal sollten die beteiligten Ressorts und Organisationen von Beginn an den Übungsaufbau, das Ziel und den Ablauf verantwortlich mitgestalten und nicht zuletzt auch mit eigenen Experten an der Übung teilnehmen. Um den beteiligten zivilen Partnern zudem eine echte Ausbildungs- und Trainingsmöglichkeit anbieten zu können, wurde vorgesehen, organisationsspezifische Ausbildungsziele einer jeden Organisation vollständig in die Übung einfließen zu lassen.

Neben den beiden Außenministerien zeigten auch die deutsche und niederländische Polizei, das Bundesministerium für Entwicklung und wirtschaftliche Zusammenarbeit, die Deutsche Gesellschaft für Internationale Zusammenarbeit und das Flüchtlingshilfswerk der Vereinten Nationen (UNHCR) sowie das UN-Amt für die Koordinierung humanitärer Angelegenheiten (UNOCHA) Interesse für das Projekt. Zudem haben das niederländische Institut für Internationale Beziehungen (Clingendael), die deutsche Stiftung Wissenschaft und Politik (SWP) sowie die niederländische *Organisation for Applied Scientific Research* (TNO) die Übung COMMON EFFORT wissenschaftlich begleitet.

Neben der grundlegenden Struktur der gemeinsamen Übung (Szenario, Struktur, zeitlicher und organisatorischer Ablauf, Form der Evaluation) wurde vor allen Dingen ein abgestimmter Planungsprozess zur Diskussion gestellt. Demnach sollte das Projekt einem Vier Stufen-Ansatz („Entwickeln, Testen, Darstellen, Diskutieren") folgen. Auf Grundlage eines gemeinsamen *Conflict Assessments* begann mit der *Initial Planning Conference* die erste Phase der Übung COMMON EFFORT. Drei Tage lang wurde unter der Leitung und nach konzeptioneller Vorbereitung durch das niederländische und deutsche Außenministerium der Konflikt im zukünftigen fiktiven Einsatzgebiet *Cerasia* diskutiert. Schlüsselfaktoren des Konfliktes wurden gemeinsam analysiert, Missionsziele definiert und grundsätzliche Handlungsoptionen skizziert. Am Ende war mit einem ersten konzeptionellen Rahmen (*Initial Conceptual Framework*) der Grundstein für einen gemeinsamen strategischen Missionsplan gelegt, der in multilateraler Zusammenarbeit bis zum

Beginn der Übung verfeinert wurde. Dieser harmonisierte Plan bildete die Grundlage für die zivil-militärische Übung vom 19. bis 22. September 2011 in Münster.

3.3 Übung und Besuchertag

Im Rahmen der Übung erfolgte die Führung der Mission durch eine Doppelspitze bestehend aus einem zivilen und militärischen Missionsverantwortlichen. Ich möchte betonen, dass beide Positionen gleichberechtigt waren, es gab nicht einen Chef. Für beide galt es, ihr Vorgehen untereinander bzw. mit der Gastnation und einem Sonderbeauftragten des Generalsekretärs der Vereinten Nationen abzustimmen. Während ich selber als militärischer Missionsverantwortlicher mit der Führung der NATO *Interim Force* betraut war, oblag es dem zivilen Missionsverantwortlichen, die politischen und diplomatischen Aktivitäten der Mission zu koordinieren. Darüber hinaus sollte er das Vorgehen der zivilen Organisationen aus den Niederlanden und Deutschland harmonisieren und mit den beteiligten UN-Organisationen abstimmen. Diese Übungsstruktur wurde durch echte Diplomaten und zivile Experten dargestellt. In ähnlicher Weise hatte ein Verantwortlicher der Polizeieinheit den Einsatz einer deutsch-niederländischen Polizeimission im Einsatzgebiet zu führen und zu koordinieren.

Der interessierten Öffentlichkeit aus Politik, zivilen Experten und hochrangigen Militärs bis hin zu Oberbefehlshaber der NATO in Europa (SACEUR) erlaubte ein Besuchertag, einen unmittelbaren Einblick in die Übung zu gewinnen. Ein Symposium bildete den Abschluss der Übungsphase und diente zur offenen Diskussion und zur Auswertung erster Erfahrungen aus dem Gesamtprojekt.

3.4 Wesentliche Ergebnisse

Einigkeit bestand von Anfang an darin, dass nur offen geführte Diskussionen mit Partnern den Rahmen schaffen konnten, um die Herausforderungen des Projekts COMMON EFFORT zu meistern. Die Bereitschaft, den Austausch mit zivilen Akteuren kontrovers zu führen, war essentiell; zudem sollten Arbeitsergebnisse einer gemeinsamen Bewertung unterzogen werden. Dies schloss mit ein, dass das gesamte Projekt auch hätte scheitern können, falls unterschiedliche Organisationsformen, -kulturen und Erwartungshaltungen einen gemeinsamen Weg verhindert hätten. In diesem Zusammenhang möchte ich kurz darauf hinweisen, dass wir bei diesem Projekt auch erstmals mit sogenannten *Tokens* gearbeitet haben. Hierdurch waren alle beteiligten Akteure in der Lage, elektronische Daten mit Hilfe des Internets auch von zu Hause auszutauschen, aber auch auf einer speziell eingerichteten Internetseite allen anderen zur Verfügung zu stellen.

Die gleichberechtigte Einbindung in den Prozess sowie die aktive Mitgestaltung des gesamten Projektes durch beide Außenministerien zusammen mit dem I. Deutsch-Niederländischen Korps war der treibende Faktor, um weitere Partner begeistern und gewinnen zu können. Die IAWG wurden immer durch die Ministerien geleitet. Vertreter des Militärs moderierten mehr, als die führende Rolle zu übernehmen. Dies war ein wichtiger Aspekt, der ebenfalls zum Erfolg des Projektes beitrug.

Es wurde erkannt, dass für die zivile Seite die Teilnahme an sämtlichen Arbeitsgruppen eine Herausforderung darstellte, da das Personal im Tagesgeschäft der jeweiligen

Organisation gebunden ist. Die Entscheidung des I. Deutsch-Niederländischen Korps, im Verlauf des Projekt die Sekretariatsfunktion zu übernehmen, ermöglichte es den zivilen Partnern, ihre knappen personellen Ressourcen gezielter einzusetzen.

Die Entwicklung der praktischen Übung, bei der auch Trainingsziele der zivilen Partner erfüllt werden sollten, erforderte eine aktive Teilnahme von ziviler Expertise bereits bei der Übungsanlage. Diese zivile Expertise ist zwingend notwendig, um die Ideen und das benötigte Umfeld entsprechend zu berücksichtigen.

Nicht in allen Bereichen wurde von Anfang an Konsens erzielt. Gegenseitiger Respekt, vorurteilsfreie Diskussionen und der Wille, das Projekt zum Erfolg zu führen, sind entscheidend. Der Abschluss des Projektes brachte allen Teilnehmern einen Nutzen. Ein Prozess wie COMMON EFFORT muss dazu genutzt werden, auch unterschiedliche Sichtweisen, Kulturen und Eigenwilligkeiten der unterschiedlichen Partner zu diskutieren.

Im Verlauf des Projektes haben die Teilnehmer eine Vielzahl von Übungszielen definiert. Der Gesichtspunkt der Praktikabilität und die Notwendigkeit eines gemeinsamen Nenners führten dazu, dass sich die Teilnehmer auf einige zentrale Übungsziele geeinigt haben.

Das I. Deutsch-Niederländische Korps hat fast ausschließlich die finanziellen Ressourcen für das Projekt COMMON EFFORT bereitgestellt. Im Vergleich zu anderen Übungen und Projekten ist der Betrag zwar relativ gesehen klein, dennoch sollte mit den Partnern zukünftig über eine Aufteilung der Kosten gesprochen werden.

Gemeinsame Planung und Durchführung von Operationen basiert auf einer gemeinsamen Informationsgrundlage. Dies erfordert vom Militär ein neues Denken – zum Austausch von Informationen im Allgemeinen und mit Blick auf vorhandene Sicherheitsregularien im Besonderen. Als Teil des Projektes COMMON EFFORT hat das I. Deutsch-Niederländische Korps einen *Open Command Post* eingerichtet, der es allen Teilnehmern erlaubte, Zugang zu weiten Teilen des Gefechtsstands zu erhalten. Informationsaustausch ist ein Element für eine besser entwickelte Zusammenarbeit. Wenn ein Netzwerk für eine Mission aufgebaut wird, muss v. a. das Militär sich möglichst transparent zeigen. Es muss einen Paradigmenwechsel vornehmen hin zu der Bereitschaft – ggf. auch dem Wagnis –, Informationen weiterzugeben und zu teilen.

Ein ziviles Umfeld sowie die Vernetzung desselben benötigen Zeit, um Strukturen und Prozesse zu verstehen und sich in diese einzuarbeiten. Dies steht im Gegensatz zu klaren militärischen Strukturen und Prozessen. Während der Übung COMMON EFFORT mussten die Verbindungen zunächst hergestellt werden. Dies benötigt Zeit und ist von vornherein zu berücksichtigen. Wenn diese Beziehungen hergestellt sind, benötigen die zivilen Partner oftmals weniger Zeit für Planungen und Entscheidungen und sind flexibler als der Militärapparat.

Militärische Übungen verlangen militärische Expertise, eine umfassende Übung verlangt eine hohe Qualität an ziviler Expertise, um die Erwartungen und Trainingsziele erfüllen zu können. Rollenspieler nützen nichts – es müssen wirkliche Spezialisten mit umfangreichem Hintergrundwissen sein.

3.5 Fazit zu COMMON EFFORT 2011

COMMON EFFORT und die damit verbundene ideale Möglichkeit einer gemeinsamen zivil-militärischen Einsatzvorbereitung wird von allen Teilnehmern als ein wertvolles Instrument angesehen, eigenes Personal in einem komplexen, zivil-militärischen Umfeld zu trainieren. Weiterhin wurde das Verständnis gestärkt, wie Missionen gemeinsam geplant und erfolgreich durchgeführt werden können. Das Projekt wird von allen Teilnehmern als Erfolg bewertet, und die gemachten Erfahrungen sind Grundlage für eine breite Unterstützung von zukünftigen ähnlichen Projekten.

Entscheidend ist, dass das Projekt darin erfolgreich war, viele Partner von den Vorteilen einer ressort- und organisationsübergreifenden Übung zu überzeugen und die Partner darüber hinaus willens sind, auch in Zukunft an vergleichbaren Projekten teilzunehmen.

Das Militär muss die Bereitschaft real unter Beweis stellen, zurückzutreten und zu akzeptieren, dass zivile Partner in sehr vielen Bereichen größere Kompetenz und einen berechtigten Führungsanspruch besitzen.

Ohne Zweifel hat das Projekt COMMON EFFORT das I. Deutsch-Niederländische Korps auf dem Weg, ein zur ressortübergreifenden Zusammenarbeit befähigtes, streitkräftegemeinsame Operationen führendes Hauptquartier zu werden, einen Schritt nach vorne gebracht. Die Etablierung eines umfangreichen Netzwerkes mit zivilen Partnern ist gelungen, nun gilt es dran zu bleiben und es weiter zu entwickeln.

Wir sind mehr denn je davon überzeugt, dass Kooperation beginnen muss, bevor wir uns im Krisengebiet treffen.

4 COMMON EFFORT: Anregungen für die Zukunft

Ich habe in meiner Jahresweisung für das Jahr 2012 herausgestellt:

> To keep the momentum with civilian organizations and push further the new *mindset* in regard to the Comprehensive Approach, by changing the thinking and set up the *revolution in the brains*.

Mit der guten Erfahrung von COMMON EFFORT in 2011 als Basis bietet das I. Deutsch-Niederländische Korps auch in diesem Jahr den zivilen Partnern unterschiedliche Möglichkeiten eines gemeinsamen Trainings an. So können ziviles wie militärisches Personal für kommende Missionen gemeinsam ausgebildet und das Verständnis für vernetztes Handeln bereits vor einem Einsatz entwickelt werden.

Aus dem wissenschaftlichen Umfeld konnte bereits im vergangenen Jahr die Universität Münster für eine Zusammenarbeit gewonnen werden. Mit der Universität wurde eine gemeinsame *Summer School* zum Thema humanitäre Hilfe geplant und durchgeführt, die sowohl als offizielle Lehrveranstaltung in einen Seminarblock der Universität Münster Eingang gefunden hatte, als auch Voraussetzung für die Teilnahme deutscher und niederländischer Studenten an der Übung COMMON EFFORT war. Auch im Jahr 2012 wird wieder eine *Summer School* zum *Comprehensive Approach* durchgeführt. Neben der Universität Münster haben auch die Universitäten aus Regensburg, Groningen, Nijmegen,

Amsterdam und Bochum bereits zugesagt – eine wohl bislang einmalige Kooperation zwischen Militär und universitärem Bereich.

Zusammen mit der Bildungseinrichtung Haus Rissen aus Hamburg hat das I. Deutsch-Niederländische Korps im Juni des vergangenen Jahres ein zweitägiges Symposium zum *Comprehensive Approach* durchgeführt. Dieser Ansatz soll auch 2012 weiter verfolgt und mit Leben gefüllt werden. Das diesjährige Symposium bietet wiederum hervorragende Möglichkeiten der netzwerkbasierten Zusammenarbeit. Es wird am 31. Mai/1. Juni 2012 in Münster angeboten und hat als Thema *State Building*.

Den Höhepunkt des gemeinsamen Trainings mit Soldaten und zivilen Teilnehmern bildet in diesem Jahr die Übung PEREGRINE SWORD im September in Wildflecken. Als *Training Platform* wird den zivilen Partnern hierbei die Möglichkeit geboten, mit eigenen Trainingszielen sowie Einflussnahme auf Szenario und Übungsablauf, zusammen mit der militärischen Seite zu üben. Für alle Teilnehmer bietet die Übung, die sowohl auf operativer als auch taktischer Ebene (z. T. als Übung mit Volltruppe) durchgeführt wird, ein breites Spektrum an Möglichkeiten. Bereits bei der *Final Planning Conference* in wenigen Wochen wird die Harmonisierung der letzten Trainingsziele vorgenommen. Auf dem Weg zur praktischen Operationalisierung bis September 2012 werden weitere Workshops durchgeführt. Viele zivile Organisationen haben bereits ihre Teilnahme bestätigt. So werden bspw. das niederländische Außenministerium, die Bundespolizei, das *World Food Program* und zivile Berater der strategischen NATO-Ebene mit eigenen Trainingszielen teilnehmen.

5 Schlussbemerkungen

Ich hoffe, ich habe Ihnen eine Vorstellung vermitteln können, wie das I. Deutsch-Niederländische Korps mit dem *Comprehensive Approach* umgeht. Ein Begriff, der von vielen verwendet und als Lösung angesehen wird. Allerdings, wenn es darum geht, wie dieser umzusetzen ist und wenn es um die Durchführung geht, wird es ruhig. Es ist nicht so, dass wir beim I. Deutsch-Niederländischen Korps die Weisheit gepachtet hätten, aber wir haben gezeigt, dass wir mehr tun als nur darüber zu reden. Ein Schritt, der zahlreiche nicht-militärische Organisationen gefreut hat.

Ein afghanisches Sprichwort besagt, dass es viele Tropfen braucht, um einen kleinen Strom in einen großen Fluss zu verwandeln, der den Boden mitreißt, breiter wird und immer größere Geschwindigkeit aufnimmt. So verhält sich es sich mit dem Comprehensive Approach. Die große Zahl der Übungsteilnehmer aus unterschiedlichsten Bereichen – angefangen von Hilfsorganisationen wie Kinderberg bis zu großen nationalen und internationalen Organisationen wie der Deutschen Gesellschaft für Internationale Zusammenarbeit, dem Flüchtlingshilfswerk der Vereinten Nationen (UNHCR) und natürlich die Polizei – haben zusammen mit dem I. Deutsch-Niederländischen Korps gezeigt, dass sich ein Fluss entwickeln kann.

Um sicherzustellen, dass sich Tropfen in einen Fluss verwandeln, der sich selbstständig weiter entwickelt, sollten wir auf diesem experimentellen Weg weitermachen und unsere Bemühungen intensivieren. Dieser Weg hat uns gezeigt, dass es nicht darum geht, komplexe Zusammenhänge durch bewährte Strukturen zu beherrschen und über alle Fähigkeiten selbst verfügen zu wollen sondern vielmehr darum, Kompetenzen verschiedener Stellen zu entwickeln und zu nutzen und, wo immer möglich, diejenigen solche Aufgaben ausführen zu lassen, die hierzu am besten in der Lage sind. Um dies zu erreichen, ist es von entscheidender Bedeutung, funktionsübergreifende Netzwerke aufzubauen und zu unterhalten.

Ich habe eine Reihe unserer Initiativen vorgestellt, aber ich habe auch erklärt, dass ich das Militär nicht als Verantwortlichen des *Comprehensive Approach* sehe. Diese Aufgabe sollte meiner Meinung nach bei den Ministerien für auswärtige Angelegenheiten und Zusammenarbeit liegen. Angenommen, dies stimmt und sie sind der Meinung, dass der *Comprehensive Approach* der zukünftige Weg ist, würde dies dann z.B. bedeuten, dass ein Beamter/Diplomat, der Karriere machen möchte, zumindest an einer derartigen Initiative teilgenommen oder sogar eine solche organisiert haben sollte? Oder gibt es andere Möglichkeiten, den Fluss dazu zu bringen, dass er fließt? Was ist Ihre Meinung?

„Vernetzte Sicherheit": Intentionen, Kontroversen und eine Agenda für die Praxis

Andreas Wittkowsky · Wanda Hummel · Tobias Pietz

Zusammenfassung: Der Ansatz der „Vernetzten Sicherheit" wird kontrovers diskutiert. Die Debatte bezieht sich auf den Sicherheitsbegriff und die Praxistauglichkeit des Ansatzes. Vor allem bedarf der Sicherheitsbegriff einer Einordnung hinsichtlich übergeordneter politischer Ziele wie z. B. nachhaltiger Frieden und umfassende Konflikttransformation. Im Bereich der Umsetzung bewerten gerade Praktiker die Möglichkeit, institutionelle Arrangements und Instrumente weiter zu verbessern, sehr unterschiedlich. Es lassen sich aber jene Bereiche identifizieren, in denen weiterer Klärungs- und Konzeptionalisierungsbedarf besteht.

Schlüsselwörter: Sicherheit · Comprehensive Approach · Zivile Krisenprävention · Konflikttransformation · Krisenmanagement

"Vernetzte Sicherheit": Intentions, Controversies, and an Agenda for Practitioners

Abstract: *Vernetzte Sicherheit*—the German equivalent to the Comprehensive Approach—is subject to debate. The controversies range from the underlying security concept to its relevance in practice. Thus, it remains a policy issue to further define the relationship between security and overarching goals, such as sustainable peace and comprehensive conflict transformation. With respect to the institutional arrangements and instruments, which could further improve implementation of the approach, the views of practitioners differ widely. It is possible, however, to identify those issues that require further conceptual work.

Keywords: Security · Comprehensive approach · Conflict transformation · Crisis management

---

© VS Verlag für Sozialwissenschaften 2012

Dr. Andreas Wittkowsky ist Leiter des BMZ-geförderten Projekts *Frieden und Sicherheit* im Zentrum für Internationale Friedenseinsätze (ZIF) und Koordinator der *Arbeitsgruppe Vernetzte Sicherheit*. Wanda Hummel und Tobias Pietz sind Mitarbeitende der *Arbeitsgruppe Vernetzte Sicherheit*.

Dr. A. Wittkowsky (✉) · W. Hummel · T. Pietz
Zentrum für Internationale Friedenseinsätze, Ludwigkirchplatz 3–4,
10719 Berlin, Deutschland
E-Mail: a.wittkowsky@zif-berlin.org

1 Einleitung

Seit mehreren Jahren ist „Vernetzte Sicherheit" ein offizieller, aber nicht unumstrittener Ansatz der deutschen Sicherheitspolitik. Im Kern soll der Ansatz außen- und sicherheitspolitische Ressourcen durch ressort- und institutionenübergreifende Abstimmung, Bündelung oder Arbeitsteilung optimieren – national, international und lokal. Ein wesentliches Ziel ist es, internationale Konflikte wirksam zu bearbeiten und so zur globalen, europäischen und deutschen Sicherheit beizutragen.

Die Kontroversen um den Ansatz betreffen den Sicherheitsbegriff und seine Stellung gegenüber anderen Politiken, aber auch seine Praxistauglichkeit. Tatsächlich bedarf der zugrunde liegende Sicherheitsbegriff genauerer Bestimmung sowie einer Einordnung hinsichtlich übergeordneter Ziele – wie z. B. umfassende Konflikttransformation und/ oder nachhaltiger Frieden.

Was die Umsetzung anbelangt, kommt eine 2011 durchgeführte Umfrage der *Arbeitsgruppe Vernetzte Sicherheit* am Zentrum für Internationale Friedenseinsätze (ZIF) zu dem Ergebnis, dass die organisatorischen und instrumentellen Neuerungen der letzten Jahre von Praktikern als wichtige Schritte in die richtige Richtung bewertet werden. Die Möglichkeit, institutionelle Arrangements und Instrumente weiter zu verbessern, wird sehr unterschiedlich bewertet. Dennoch lassen sich jene Bereiche identifizieren, in denen weiterer Klärungs- und Konzeptionalisierungsbedarf besteht.

2 Vernetzte Sicherheit: Ansatz, Dimensionen, Einordnung

Offiziell findet der Begriff „Vernetzte Sicherheit" im *Weißbuch 2006 zur Sicherheitspolitik Deutschlands* Aufnahme in den sicherheitspolitischen Kanon der Bundesrepublik. Im Koalitionsvertrag von 2009 bekennen sich die Regierungsparteien ausdrücklich zu diesem Ansatz (CDU, CSU, FDP 2009, S. 123). So wurde auch im Deutschen Bundestag ein *Unterausschuss Zivile Krisenprävention und Vernetzte Sicherheit* eingerichtet.

Schon 2 Jahre vor Veröffentlichung des Weißbuchs wurde 2004 – im Rahmen des *Aktionsplans Zivile Krisenprävention, Konfliktlösung und Friedenskonsolidierung* der Bundesregierung – ein *Ressortkreis Zivile Krisenprävention* geschaffen und diesem ein Beirat unabhängiger Experten aus Wissenschaft, Wirtschaft, Politik und Zivilgesellschaft zugeordnet. Der Ressortkreis soll das vernetzte, ressortübergreifende Handeln der Bundesregierung begleiten und befördern.

Das *Weißbuch 2006* ordnet den Bereich der zivilen Krisenprävention unter Anwendung eines erweiterten Sicherheitsbegriffs dem Ansatz der Vernetzten Sicherheit zu bzw. – je nach Sichtweise – unter (vgl. Bundesministerium der Verteidigung 2006, S. 30).

Die geläufigsten Definitionen der Vernetzten Sicherheit betonen den ganzheitlichen Charakter des Ansatzes und unterstreichen zudem die Notwendigkeit, gerade die internationalen Anstrengungen zur Konfliktvorsorge und Krisenbewältigung umfassend und abgestimmt zu betreiben (s. Tab. 1).

In der internationalen Debatte ergibt sich die Schwierigkeit, dass der Begriff Vernetzte Sicherheit kaum übersetzbar und damit sprachlich nur begrenzt anschlussfähig ist. Begriffe wie *Networked Security* oder *Network-Based Security* sind nicht nur fast unverständlich für englische Muttersprachler, sie haben zudem andere Konnotationen (entwe-

Tab. 1: Offizielle Definitionen Vernetzter Sicherheit

„Nicht in erster Linie militärische, sondern gesellschaftliche, ökonomische, ökologische und kulturelle Bedingungen, die nur in multinationalem Zusammenwirken beeinflusst werden können, bestimmen die künftige sicherheitspolitische Entwicklung. Sicherheit kann deshalb weder rein national noch allein durch Streitkräfte gewährleistet werden. Erforderlich ist vielmehr ein umfassender Ansatz, der nur in vernetzten sicherheitspolitischen Strukturen sowie im Bewusstsein eines umfassenden gesamtstaatlichen und globalen Sicherheitsverständnisses zu gewährleisten ist." *Weißbuch 2006* (Bundesministerium der Verteidigung 2006 S. 29)

„Unter Stichworten wie „vernetzte Sicherheit", „integrierter/umfassender Ansatz" oder „*Whole of Government Approach*" setzt sich in der deutschen Diskussion die Erkenntnis durch, dass effizientes Krisenmanagement nur in einem ganzheitlichen Ansatz möglich ist, in dem sowohl zivile als auch ggf. militärische Elemente ihren Platz finden." *2. Bericht zum Aktionsplan* (Auswärtiges Amt 2008, S. 81)

„Wir bekennen uns zum Ansatz einer Vernetzten Sicherheitspolitik. Dies erfordert moderne und leistungsfähige Streitkräfte und geeignete zivile Instrumente zur internationalen Konfliktvorsorge und -bewältigung sowie eine noch engere Integration und Koordinierung. In künftige Mandate für Einsätze im Ausland werden wir konkrete Benennungen der zu leistenden Aufgaben sowie deren Zuteilung auf die verantwortlichen Ressorts aufnehmen." *Koalitionsvertrag* (CDU, CSU, FDP 2009, S. 123)

„Die Wahrung unserer Interessen ist heute nur ressortgemeinsam möglich. Deshalb ist eine gesamtstaatliche, umfassende und abgestimmte Sicherheitspolitik erforderlich (...)" *Verteidigungspolitische Richtlinien* (Bundesministerium der Verteidigung 2011, S. 6)

der zum IT-Bereich oder zu *Network-Centric Warfare*) und werden von internationalen Partnern im betroffenen Kontext nicht verwendet.

Im englischen Sprachgebrauch haben sich zwei andere Begriffe durchgesetzt. Entweder findet der Begriff *Comprehensive Approach* (Umfassender Ansatz) Anwendung, oder – wenn es ausschließlich um staatliche Ressorts geht – auch *Whole-of-Government-Approach*. Beide Begriffe zielen letztlich auf dieselben Sachverhalte wie Vernetzte Sicherheit, bleiben aber unbestimmter hinsichtlich ihres politischen Inhalts – sie können gleichermaßen auf Sicherheit, zivile Krisenprävention oder Krisenmanagement angewandt werden. In der Regel wird der Begriff *Comprehensive Approach* synonym zu Vernetzter Sicherheit verwendet.

2.1 Arrangements der Vernetzung

Der Begriff der Vernetzung bietet zwar ein plastisches Bild für das Zusammenwirken von Akteuren. Doch wie dies konkret ausgestaltet wird, hängt von der zugrunde gelegten Idee von Netzwerksteuerung ab – den für geeignet befundenen Steuerungs – und Handlungsmodellen, mit denen optimale, zielführende Arrangements des Zusammenwirkens geschaffen werden können. In jedem Fall erfordern sie eine problembezogene, ganzheitliche (politische) Handlungskultur sowie eine Kombination von Institutionen und Instrumenten, die ein vernetztes Handeln ermöglichen. Letztere können dauerhaft oder ad hoc angelegt sein:

1. Dauerhafte Arrangements sollen langfristig vernetztes Handeln befördern. Hierzu gehören auf der nationalen Ebene Institutionen wie der Bundessicherheitsrat, der

Ressortkreis Zivile Krisenprävention oder die britische Stabilisation Unit. Hinzu kommen Instrumente wie Aktionspläne, nationale Strategien, Personal- oder Trainingsplattformen.
2. Anlassbezogene Ad-hoc-Arrangements sind auf den spezifischen Konflikt ausgerichtet und passen sich seiner Dynamik sowie den sich ändernden Akteurskonstellationen an. Hierzu gehören nationale Krisenstäbe, konfliktspezifische Task Forces, aber auch die Beteiligung an internationalen Kontakt- und Freundesgruppen.

Die Intensität der Vernetzung kann dabei sehr unterschiedlich ausfallen – vom bloßen Informationsaustausch über Koordination und Kooperation bis hin zu einem integrierten Handeln. Letzteres, die intensivste Form der Vernetzung, ist dabei nicht immer erstrebenswert – in vielen Fällen sind Subsidiarität und spezialisierte Arbeitsteilung wesentlich sinnvoller, solange sie abgestimmt und auf ein gemeinsames Ziel gerichtet geschehen.

Ziel ist nicht die maximale, sondern eine optimale Intensität der Vernetzung. Das Optimum ist dabei auch abhängig vom Charakter der Krisen- und Konfliktpotenziale, die bearbeitet werden sollen.

Eine besondere Herausforderung ergibt sich daraus, dass sich der mögliche Beitrag der verschiedenen Akteure zur Konflikttransformation – und dementsprechend auch die optimale Form ihrer Vernetzung – über den „Konfliktzyklus" (Eskalation, offener Konflikt, Post-Konflikt und Friedenskonsolidierung) hinweg ändert (s. Abb. 1). Dieser Beitrag ist abhängig von der Fähigkeit der lokalen Institutionen, in eigener Verantwortung Frieden und Sicherheit nachhaltig zu gewährleisten. Ressourceneinsätze und institutionellen Arrangements sind entsprechend anzupassen.

Da internationales Krisenmanagement i.d.R. multilateral erfolgt, stellt das Zusammenspiel nationaler Institutionen nur eine Ebene der Vernetzung dar. Deutsche und andere nationale Aktivitäten müssen zwar zunächst auf die Vernetzung der heimischen Beteiligten abzielen, dann aber die Anbindung an die multilaterale Ebene und die lokalen Akteure in den Konfliktregionen gewährleisten. Neben den staatlichen Akteuren sind dabei auch nicht-staatliche Akteure angemessen zu berücksichtigen (s. Abb. 2).

Abb. 1: Akteure in Konfliktphasen: Ziele, Beiträge, Wechselwirkungen

Phase / Akteur	Eskalation	Offener Konflikt	Post-Konflikt	Friedenskonsolidierung
Lokale Institutionen	Schwäche	Scheitern	Stärkung	Konsolidierung, volles *Local Ownership*
Diplomatie	Prävention	Einstellung der Feindseligkeiten	Stabilisierung	Normalisierung
Entwicklungszusammenarbeit	Minderung von Krisenfaktoren	Nothilfe	(Wieder-)Aufbau von Infrastruktur und Institutionen	Transition, Modernisierung
Internationale Polizei	Prävention, Training	Training, Unterstützung	Exekutivfunktionen, Aufbau einer lokalen Polizei	Transition, Unterstützung
Militär	Prävention, Training	Eingreifen	Stabilisierung	Transition

Abb. 2: Ebenen der Vernetzung

	National	International	Lokal
staatlich	Bundesregierung (*Whole-of-Government*, ressortübergreifend) +	Andere Staaten; Multilaterale Institutionen (UN, EU, OSZE, NATO etc.) +	Staatliche, regionale und kommunale Akteure
	+	+	+
nicht-staatlich	Deutsche Zivilgesellschaft, Wirtschaft +	Internationale NGOs +	Lokale NGOs, Wirtschaft, traditionelle Strukturen

3 Kontroversen

Seit seiner Einführung ist der Ansatz der Vernetzten Sicherheit Gegenstand verschiedener, mitunter heftiger Kontroversen. Politisch konzentriert sich die Kritik v. a. auf den zugrundeliegenden erweiterten Sicherheitsbegriff und die befürchtete „Versicherheitlichung" von Außen- und Entwicklungspolitik. Von Praktikern wird dagegen mitunter die Tauglichkeit des Ansatzes für konkretes Handeln in Frage gestellt.

3.1 Verhältnis von zivilen und militärischen mitteln

Im Zentrum der politischen Kontroverse steht die Befürchtung, dass Vernetzte Sicherheit zur Ausrichtung ziviler Maßnahmen auf sicherheitspolitische Ziele und zur „Dominanz militärischer Handlungslogik" führe, bei der „zivile Konfliktbearbeitung ... zum Beiwerk militärischen Vorgehens" wird (Egbering 2011, S 125, vgl. auch Jaberg 2009, S 32–33).

Verstärkt wurde diese Wahrnehmung z. B. durch eine Stellungnahme des damaligen Bundesverteidigungsministers Franz Josef Jung kurz vor Veröffentlichung des *Weißbuchs 2006*, in dem er Vernetzte Sicherheit im Wesentlichen auf die Zivil-Militärische Zusammenarbeit reduzierte: „Und wir müssen über eine vernetzte Sicherheitspolitik sprechen, die zivil-militärische Zusammenarbeit" (Frankfurter Allgemeine Zeitung, 2. Mai 2006).

Dabei geht der Ansatz – wie die oben aufgeführten Definitionen zeigen (vgl. Tab. 1) – weit über die Zivil-Militärische Zusammenarbeit hinaus. In vielen Prozessen der Konfliktbearbeitung sollte und wird Militär keine Rolle spielen. Eine übermäßige Konzentration auf militärische Beiträge ist auch kaum erfolgversprechend im Rahmen einer nachhaltigen Konflikttransformation. Vielmehr geht es darum, schon rechtzeitig die breite Palette ziviler konfliktvermeidender oder – mindernder Ressourcen einzusetzen – und damit militärische Einsätze nach Möglichkeit zu vermeiden.

Allerdings erkennt der Ansatz an, dass bestimmte Konflikt- und Krisenlagen militärische Komponenten erfordern können, sei es in Form von Beobachtungs-, Ausbildungs- oder im äußersten Fall von Kampfeinsätzen. Er vermeidet damit die linguistischen Pirouetten, die sich neuerdings im Gebrauch des Begriffs „Zivile Krisenprävention" wiederfinden lassen. So heißt es bspw. im *1. Bericht der Bundesregierung über die Umsetzung des Aktionsplans Zivile Krisenprävention*:

Mit ihrem Konzept der „Zivilen Krisenprävention, Konfliktlösung und Friedenskonsolidierung" führt die Bundesregierung alle verfügbaren Instrumente der Krisenprävention in einem einheitlichen, von einer zivilen Zielsetzung bestimmten Politikansatz zusammen. Der Begriff „Zivile Krisenprävention" ist daher nicht als Abgrenzung zu militärischer Krisenprävention zu verstehen, sondern schließt letztere mit ein (Auswärtiges Amt 2006, S. 7).

Gerade dort, wo der militärische Anteil internationaler Interventionen in Gewaltkonflikte gegenwärtig groß ist, sind Ausmaß und Intensität der Vernetzung zwischen militärischen und zivilen Akteuren umstritten. Ein Beispiel hierfür ist Afghanistan. Dem legitimen Interesse der Militärs, präzise Lagebilder zu gewinnen, Vertrauen in der Zivilbevölkerung aufzubauen, und Sicherheit kompakt zu gewährleisten, steht dort das ebenso legitime Interesse ziviler Akteure gegenüber, sich selbst und die Vertrauensbeziehungen zu lokalen Partnern zu schützen und keinesfalls als Teil des militärischen Einsatzes wahrgenommen zu werden. Grundsätzliche bzw. ideologische Gegensätze zum Einsatz militärischer Mittel verschärfen diesen Streit.

Ein Zusammenwirken im Sinne der Vernetzten Sicherheit erfordert in solchem Kontext also zunächst die Berücksichtigung der legitimen Interessen aller beteiligten Akteure.

3.2 Der Sicherheitsbegriff und seine Einordnung

Die (notwendige) Debatte um die Einordnung von Sicherheit in einer politischen Zielhierarchie hat grundsätzlich nichts damit zu tun, dass Sicherheit „vernetzt" erzielt werden soll; sie steht auch nicht erst seit Einführung des Begriffs Vernetzte Sicherheit auf der Tagesordnung.

Tatsächlich bleibt Vernetzte Sicherheit unbestimmt hinsichtlich des zugrunde liegenden Sicherheitsbegriffs und der verfolgten sicherheitspolitischen Ziele. Der Ansatz ist instrumenteller Natur und bietet ein prozessuales Leitbild für Sicherheits*politik* bzw. Sicherheits*handeln* von Akteuren. Er kann grundsätzlich auf alle möglichen Sicherheitsbegriffe (s. Abb. 3) angewandt werden.

Sowohl die kollektive Sicherheit, der sich die Bundesrepublik im Grundgesetz und im Rahmen ihrer internationalen Bündnisse und Mitgliedschaften verschrieben hat, als auch die am Individuum orientierten Ansätze der „menschlichen Sicherheit" (*Human Security*) oder der von der Weltbank gebrauchten „Bürgersicherheit" (*Citizen Security*) lassen sich im Rahmen eines umfassenden, vernetzten Ansatzes erfolgreicher gewährleisten.

Deshalb ist Vernetzte Sicherheit weder Alternative noch Gegensatz zur kollektiven oder menschlichen Sicherheit – sondern vielmehr ein instrumenteller Ansatz, der sich

Abb. 3: Sicherheitsbegriffe und ihre Charakteristika	Nationalstaatliche Sicherheit (klassisch)	Souveräne Landesverteidigung
	Kollektive Sicherheit	Bündnis-und andere internationale Verpflichtungen (UN, EU, NATO)
	Individuelle Sicherheit: • Bürgersicherheit(World Bank 2011) • Menschliche Sicherheit	Freiheit von Gewalt und Angst vor Gewalt Freiheit von Gewalt und Mangel

Abb. 4: Einordnung von Sicherheit im Rahmen übergeordneter Ziele

Übergeordnetes Ziel	Nachhaltiger Frieden Umfassende Konflikttransformation		
Strategische Ziele (nach World Bank 2011)	Wiederherstellung gesellschaftlichen Vertrauens	Aufbau funktionierender, legitimer gesellschaftlicher und staatlicher Institutionen	
Prioritäten (nach World Bank 2011)	Sicherheit	Gerechtigkeit	Arbeit (einschl. Förderung von Beschäftigung, Privatsektor, Infrastruktur)

querschnittsartig auf den politisch gewollten Sicherheitsbegriff anwenden lässt, um diesen in die Praxis umzusetzen.

Aufgrund dieses instrumentellen Charakters eignet sich Vernetzte Sicherheit auch nicht als übergeordnetes politisches Ziel. Der *Weltentwicklungsbericht 2011: Konflikt, Sicherheit und Entwicklung* benennt Sicherheit neben Gerechtigkeit und Arbeit als eine von drei Prioritäten, um zwei strategische Ziele zu erreichen: i) die Wiederherstellung gesellschaftlichen Vertrauens und ii) der Aufbau funktionierender, legitimer Institutionen (vgl. World Bank 2011 und Wittkowsky 2011).

Als übergeordnetes Ziel der politischen Zielhierarchie ließen sich nachhaltiger Frieden (*Sustainable Peace*) und umfassende Konflikttransformation formulieren, zu deren Erreichen Sicherheit ein notwendiges, aber nicht hinreichendes Element ist (s. Abb. 4).

3.3 Grenzen der Vernetzung

Nicht nur politisch, auch praktisch wird Vernetzte Sicherheit kontrovers diskutiert. Insbesondere stellt sich die Frage, wo sich in der Praxis personelle, finanzielle und organisatorische Investitionen in neue Arrangements der Vernetzung lohnen und wo die Grenzen der Möglichkeiten zur Zusammenarbeit anerkannt werden müssen.

Denn je mehr Akteure vernetzt werden sollen, desto höher werden auch die Transaktionskosten der Vernetzung. Dies erschwert die Verständigung auf gemeinsame Ziele und ein abgestimmtes Vorgehen. Wesentliche Gründe hierfür sind:

- erhöhter Koordinierungsaufwand;
- unterschiedliche gesetzliche Vorgaben, Mandate, Haushaltsverfahren, Zeithorizonte, Vorbehalte (*Caveats*) und Kulturen der beteiligten Organisationen;
- inkompatible Kommunikationsmittel, unterschiedliche Berichtswesen, uneinheitlicher Zugang zu Informationen;
- institutionelle Trägheit und Ressort-Egoismus;
- unterschiedliche Einstellungen zum Einsatz militärischer Mittel;
- unterschiedliche Interessen internationaler Akteure.

Nur einige dieser Hindernisse lassen sich durch politischen Willen, ganzheitliches Denken und institutionelle Arrangements aus dem Weg räumen.

Hieraus folgt ein Plädoyer, den Ansatz nicht mit unerfüllbaren Ansprüchen zu überfrachten, sondern als Leitlinie pragmatischen Handelns zu betrachten. Oftmals wird es nur gelingen, einen „Kern" der wichtigsten Akteure zu vernetzen, um damit strategische

Zentren zu schaffen. Andere Akteure können sich dann daran – bei entsprechendem Interesse und Fähigkeiten – orientieren und entsprechende zusätzliche Synergien erzeugen (vgl. De Coning und Fries 2011; Rotmann 2011).

4 Vernetztes Handeln in der deutschen Praxis

Seit Anfang 2011 arbeitet eine *Arbeitsgruppe Vernetzte Sicherheit* am Zentrum für internationale Friedenseinsätze (ZIF) mit dem Ziel, Beiträge zur Optimierung internationaler Friedenseinsätze zu leisten. Um zu erfahren, inwieweit sich vernetztes Handeln inzwischen in der deutschen Praxis durchgesetzt hat, und wo Verbesserungsmöglichkeiten gesehen werden, hat die Arbeitsgruppe Mitte 2011 eine Umfrage unter Praktikern durchgeführt, zu deren Alltag vernetztes Handeln zur Unterstützung internationaler Friedenseinsätze gehört (Wittkowsky et al. 2011).

Beteiligt wurden Vertreter der Arbeitsebene im Auswärtigen Amt (AA), in den Bundesministerien des Innern (BMI), der Verteidigung (BMVg) und für wirtschaftliche Zusammenarbeit und Entwicklung (BMZ), sowie in der Gesellschaft für Internationale Zusammenarbeit (GIZ) und in einzelnen Nichtregierungsorganisationen. Die meisten Befragten verfügten auch über Vor-Ort-Erfahrungen in internationalen Friedens- und Stabilisierungsmissionen.

Konsens herrschte bei den Befragten darüber, dass es durchaus Fortschritte hinsichtlich vernetzten Handelns gibt. Vor allem die Einsätze in Südosteuropa und Afghanistan haben diese befördert. Ad-hoc-Vernetzungen in den Einsatzländern funktionieren mitunter unproblematisch und pragmatisch, werden aber durch tatsächliche oder wahrgenommene Abgrenzungen der Ministerien in Deutschland beeinträchtigt. Die Vernetzung staatlicher Akteure wird als prioritär gesehen (*Whole of Government*), die öffentlich am stärksten umstrittene Vernetzung zu nicht-staatlichen Beteiligten i. d. R. als zweitrangig.

Beklagt wurde aber fast durchgehend das Fehlen eines kohärenten Konzepts der Vernetzung sowie klarer Aufträge aus der Politik. Als „Motor" wurde einzig der 2009 geschaffene *Unterausschuss Zivile Krisenprävention und Vernetzte Sicherheit* im Bundestag gesehen.

Aktuelle Reformvorhaben der Ressorts, wie z. B. die Bundeswehrreform, verlaufen dagegen weitgehend getrennt voneinander. Auch das Interesse der Ministerien an vernetztem Handeln ist unterschiedlich. Vor allem das BMVg drängt aufgrund des Problemdrucks in Einsätzen auf schnelle Verbesserungen.

Insbesondere am Ressortprinzip scheiden sich die Geister. Die Einen sehen Ressortegoismen als wesentliches Hindernis und fordern, dass man aus den Erfahrungen bisheriger Friedenseinsätze strukturelle Konsequenzen ziehen muss – etwa durch die Einrichtung ressortübergreifender Stäbe und Instrumente. Andere betonen die hergebrachten Vorteile einer funktionalen Arbeitsteilung und glauben, dass das Ressortprinzip als Sündenbock für vielfältige Frustrationen in den Einsatzländern herhalten muss, die nicht auf mangelnder Abstimmung oder Vernetzung beruhen. Vor allem gelte es deshalb, Abläufe zu optimieren, Schnittstellen zu stärken und die schnelle Ad-hoc-Vernetzung zu neu entstehenden Problemen zu fördern.

Völlig unterschiedliche Meinungen bestanden hinsichtlich der weiteren Optimierung vernetzten Handelns – nicht nur zwischen, sondern auch innerhalb der Ministerien. Hier lassen sich grob zwei Meinungsbilder erkennen (s. Tab. 2 und 3).

Tab. 2: Meinungsbild „Das Glas ist halbvoll"

- Deutschland nimmt seine internationale Verantwortung zuverlässig und anerkannt wahr und gehört im internationalen Vergleich zu den Top-Performern eines umfassenden, vernetzten Ansatzes
- Die Bundesministerien haben die Herausforderungen vernetzten Handelns aufgenommen und entsprechende Reformen eingeleitet
- Der *Ressortkreis Zivile Krisenprävention* ist ein anerkanntes interministerielles Forum, in dem sich die Ressorts über relevante Trends bei internationalen Krisen austauschen, Strategien zu ihrer Prävention und Bewältigung entwickeln und ihr Handeln abstimmen
- Die Ministerien befördern vernetztes Handeln durch Personaltausch, gemeinsame Aktivitäten der Planungsstäbe, gemeinsame Trainings und Übungen
- Weitere Verbesserungen sind möglich, doch das Beschwören eines großen Wurfs bzw. eines Quantensprungs, der zu einer signifikanten Verbesserung vernetzen Handelns führen könnte, überfrachtet den Begriff

Tab. 3: Meinungsbild „Das Glas ist ziemlich leer!"

- Bei der Umsetzung vernetzten Handelns bleibt Deutschland weit hinter seinen Möglichkeiten und den Anstrengungen seiner Partner zurück. Mit hohem Mitteleinsatz wird wenig Wirkung erzeugt, die aber im Inland als signifikanter Beitrag zur internationalen Konfliktbearbeitung dargestellt werden kann
- Die Reformanstrengungen der entscheidenden Bundesministerien finden unabgestimmt statt
- Der *Aktionsplan Zivile Krisenprävention, Konfliktlösung und Friedenskonsolidierung* stellt sich dar als ein Sammelsurium von Aktionen und Prinzipien, deren regelmäßige Fortschrittskontrolle zur lästigen Pflichtübung der Ministerialbürokratie geworden ist. Der Ressortkreis hat weitgehend Feigenblattfunktion
- Die Ministerien halten trotz geänderter Rhetorik maximal am Ressortprinzip fest, das alle positiven Ansätze zum vernetzten Handeln auf der Arbeitsebene überlagert
- Es fehlt der politische Wille, substantielle Ressourcen in die Suche und Erprobung effizienterer Formen vernetzen Handelns zu investieren

4.1 Institutionelle Abstimmung und Kooperation

Tatsächlich gewährleistet die reguläre Zusammenarbeit der Ressorts im Normalfall ein hohes Maß an Abstimmung, z. B. durch die Mitzeichnungspflichten von Vorlagen etc. Zudem treffen sich Referenten, Referats- und Abteilungsleitungen zu Themen, Regionen oder Konflikten – entweder regelmäßig (wie die Steuerungsgruppe Westafrika) oder anlassbezogen (wie zur Erstellung des *Sudan-Konzepts der Bundesregierung* 2010). Zu Themen höchster Priorität kommen zudem die Staatssekretäre zusammen.

Ob die Abstimmung gelingt, hängt aber stark von Persönlichkeiten ab: Besitzstandswahrung und das Beharren auf Zuständigkeiten behindern oft eine ergebnisorientierte Zusammenarbeit. Es herrscht die einhellige Meinung vor, dass v. a. die oberen Ebenen nur erfolgreich arbeiten, wenn starker Handlungsdruck besteht – ansonsten würden Probleme eher umgangen oder vertagt.

Der *Ressortkreis Zivile Krisenprävention* tagt ungefähr alle 6 Wochen unter Vorsitz des AA-Beauftragten für Zivile Krisenprävention. AA, BMZ, BMI, BMVg, das Justiz- und das Umweltministerium entsenden regelmäßig Vertreter – andere für die Krisenprävention relevante Häuser (wie z. B. das Wirtschaftsministerium) aber nicht. Die Rückkoppelung in die Ministerien bleibt unklar und ist stark abhängig von den Teilnehmenden. Obwohl der Ressortkreis ein schwaches Mandat hat, kann er mitunter als „Katalysator" fungieren.

Kritisch wird der Beirat des Ressortkreises beurteilt: gemeinsame Initiativen oder auch der Versuch eines *Agendasetting* seien bisher ausgeblieben.

Seit 2009 tagen die Planungsstäbe von AA, BMVg und BMZ regelmäßig zusammen. Daraus resultieren z. B. die Anfang 2012 vorgestellten gemeinsam erarbeiteten *Ressortübergreifende Leitlinien: Für eine kohärente Politik der Bundesregierung gegenüber fragilen Staaten*. Diese sehen u. a. vor, zu bestimmten Krisenländern und regionen ressortübergreifende *Task Forces* einzusetzen (vgl. Planungsstäbe AA/BMZ/BMVg 2012).

Seit mehreren Jahren werden auch Verbindungs- und Austauschbeamte zwischen AA, BMI, BMVg und BMZ entsandt. Ihre Aufgabe können sie aber nur so gut erfüllen, wie die Häuser sie einbinden, nachfragen, beauftragen – kurz: nutzen. Dies variiert in erheblichem Maße. Oftmals sind Rückkoppelung und Wertschätzung der Entsandten gerade in den entsendenden Häusern schwach. Das Potential, eine Vernetzung zwischen den Ressorts zeitnahe zu gewährleisten, scheint deshalb noch nicht ausgeschöpft zu sein.

4.2 Strategien und Instrumente

Der lebhafteste Teil der Instrumentendiskussion kreist um Strategien und gemeinsame Ziele. Einige Befragte befürworten eine nationale Sicherheitsstrategie, um alle Beteiligten auf gemeinsame Ziele hin zu orientieren – andere bezweifeln, ob der entsprechende Aufwand einen tatsächlichen Mehrwert für die praktische Umsetzung bringe.

Der *Aktionsplan Zivile Krisenprävention, Konfliktlösung und Friedenskonsolidierung* – eigentlich zentraler Rahmen der deutschen Krisenprävention – ist hingegen nur selten Bezugspunkt und wird als wenig operativ eingeschätzt. Während die Einen die Verbesserung und Fokussierung des Berichtswesens zum Aktionsplan fordern, empfehlen Andere, die Energien stattdessen auf andere Felder zu konzentrieren.

Viele Praktiker vermeiden eher die großen strategischen Fragen und fordern eher umsetzungsorientierte, einsatzbezogene Konzepte. Gleichzeitig artikulieren sie einen deutlichen Bedarf an Führung und gemeinsamen Zielen, insbesondere für die Einsatzländer. Die ressortübergreifende Erarbeitung des *Sudankonzepts der Bundesregierung* (Auswärtiges Amt 2010) wird hier als Positivbeispiel gewürdigt; gleichzeitig wird bemängelt, dass eine systematische Nachverfolgung bzw. aktuelle Anpassung fehlt.

Ein zentrales Problemfeld sind Früherkennung und Lagebild. Obwohl es in diesem Bereich viele Instrumente gibt, führen sie nach Meinung der meisten Praktiker nicht zu gemeinsamen Einschätzungen und Zieldefinitionen. Es fehle an Analysekapazitäten, um die Instrumente abgestimmt passgenau auszuwählen und einzusetzen.

Umstritten ist der Einsatz von Mitteln, die gemeinsam von mehreren Ressorts verwaltet werden können und müssen. Die britischen *Conflict Prevention Pools* werden zwar oft als *Best Practice* und Erfolgsmodell erwähnt. Dennoch herrschen Zweifel, ob gemeinsame Budgets tatsächlich zu besseren Ergebnissen führen – oder zu einem Mehr an Bürokratie.

Beim Wissensmanagement wird bemängelt, dass eine systematische Auswertung bzw. fortdauernde Evaluierung von Einsätzen sowie die Nutzung der Erfahrungen zurückkehrenden Personals weithin fehlen.

5 Fazit

Vernetzte Sicherheit lässt sich verstehen als der ganzheitliche, umfassende Ansatz, der bezweckt

- Ressourcen der militärischen und polizeilichen Sicherheitskräfte, der zivilen Friedenskräfte, der Diplomatie und der Entwicklungszusammenarbeit
- auf nationaler, internationaler und auf lokaler Ebene
- ressort- und institutionenübergreifend abzustimmen und – durch Bündelung oder Arbeitsteilung – optimiert einzusetzen
- mit dem Ziel, internationale (Gewalt-)Konflikte wirksam zu bearbeiten und damit zur globalen, europäischen und deutschen Sicherheit beizutragen (Wittkowsky und Meierjohann 2011).

Der Ansatz ist v. a. instrumentell und bezweckt eine verbesserte Koordination von Akteuren, die im weitesten Sinne mit Konfliktbearbeitung und Krisenmanagement befasst sind. Seine erfolgreiche Umsetzung erfordert die Kombination einer ganzheitlichen Handlungskultur mit dauerhaften Institutionen und problembezogenen Ad-hoc-Arrangements, die vernetztes Handeln ermöglichen. Dabei geht es nicht um die maximale, sondern die optimale Intensität der Vernetzung. Steigende Transaktionskosten setzen der Optimierung Grenzen.

Der Sicherheitsbegriff und die abgeleiteten Ziele bleiben unbestimmt. Dies ist die Ursache für einen Großteil der innenpolitischen Missverständnisse und Kontroversen. Eine deutlichere Bestimmung des Sicherheitsbegriffs – z. B. im Rahmen einer nationalen Sicherheitsstrategie – bleibt also eine Aufgabe der Politik. Dabei geht es auch darum zu spezifizieren, *wann* die klassische, staatlich (kollektive) Sicherheit, und *wann* die am Individuum orientierten Ansätze der „menschlichen Sicherheit" (*Human Security*) bzw. „Bürgersicherheit" (*Citizen Security*) im Vordergrund stehen sollen.

Auch gilt es, Sicherheit hinsichtlich übergeordneter Ziele – wie z. B. nachhaltigen Frieden (*Sustainable Peace*) und umfassende Konflikttransformation – einzuordnen. Für deren Erreichen ist Sicherheit ein notwendiges, aber nicht hinreichendes Element. Möglicherweise findet sich in diesem Prozess ein Begriff, der sowohl den instrumentellen Aspekt der Vernetzung als auch die inhaltliche Bestimmung noch besser umfasst.

In der deutschen Praxis hat vernetztes Handeln deutlich zugenommen – auch als Antwort auf die Herausforderungen, mit denen internationale Friedens- und Stabilisierungseinsätze konfrontiert sind. Die Ergebnisse der Umfrage der *Arbeitsgruppe Vernetzte Sicherheit* am ZIF legen nahe, auf den bisherigen Erfolgen aufzubauen und weitere Verbesserungen voranzutreiben. Dazu sollte das Thema auch auf der politischen Prioritätenliste prominenter positioniert werden. Es bietet sich an, die konzeptionelle Arbeit auf drei Bereiche zu konzentrieren: Grundsatzfragen der Vernetzung, organisatorische Arrangements sowie Strategien und Instrumente.

5.1 Grundsatzfragen der Vernetzung

Da in den Ressorts unterschiedliche Organisationsphilosophien herrschen, bleibt es offen, ob es vorrangig gilt, die Vernetzung zu fördern durch

- ablauforientierte Regelungen, Schnittstellen und schnellere Ad-hoc-Vernetzungen;
- kollektive oder hierarchische Führungsmechanismen;
- gemeinsame Institutionen oder Arbeitsstäbe; oder
- gemeinsame Mechanismen, Instrumente und Mittel.

Kernfrage ist, wie Institutionen und Instrumente derart gestaltet werden können, dass Komplexität reduziert wird, die Kohärenz des Handelns zunimmt und zeitnah das Maximum an Ressourcen zur Verfügung steht – und zwar auf allen Handlungsebenen (national, international und lokal). Damit verbunden ist die Suche nach der optimalen Delegation von Entscheidungen in die Konfliktregion. Grundsätzlich muss die Zusammenarbeit von oben gefördert werden; politische Aufträge und Vorgaben sind essentiell.

5.2 Organisatorische Arrangements

Die große Mehrheit der Befragten fordert mehr Führung und gemeinsame Analyse-, Koordinierungs- und Steuerungsinstanzen. Um längerfristig gemeinsam zu planen, bräuchte es gemeinsame Gremien, Stäbe oder – die jetzt in den gemeinsamen *Leitlinien* (Planungsstäbe AA/BMZ/BMVg 2012) vorgesehenen – *Task Forces* mit eigener institutioneller und personeller Unterstützungsstruktur. Das Spektrum der Vorschläge umfasst die Aufwertung des Ressortkreises oder die Einrichtung eines permanenten Sekretariats für die Staatssekretärsrunden. Noch weitergehender wären ein grundsätzlich reformierter Bundessicherheitsrat oder ein gemeinsames Lagezentrum.

Die Schnittstellenfunktion der Verbindungs- und Austauschbeamten wird durchweg als ausbaufähig beurteilt. Hier gilt es zu präzisieren, auf welcher Ebene die Andockung in beiden Häusern erfolgt, welche Zugänge die Beamten haben und inwieweit sie in planerische und operative Aufgaben eingebunden sind.

5.3 Strategien und Instrumente

Bei Strategien geht es um die Frage, welche Bedeutung sie für ein abgestimmtes Handeln haben, auf welchen Ebenen (national, regional- oder länderbezogen) sie einen Nutzen für die Praxis bringen. Wichtig ist dabei die Verknüpfung von deutschen mit internationalen Strategien, ebenso die Verbindung zwischen Strategien und der Umsetzung vor Ort. Wo militärische Einsätze zur Friedenssicherung stattfinden, könnte – wie es der *Koalitionsvertrag* von 2009 vorsieht (CDU, CSU, FDP 2009, S 123) – den jeweiligen Bundestagsmandaten (und deren ressortübergreifender Erarbeitung) eine Schlüsselrolle zufallen – wenn sie mit konkreten Vorgaben für die vernetzte Kooperation angereichert werden.

Auch Instrumente oder Strukturen, die eine aggregierte Lagebeurteilung und Früherkennung – und damit gemeinsame Bewertungen und Zielformulierungen – ermöglichen, sollten weiterentwickelt werden.

In den Einsatzländern sind Problembewusstsein und -kenntnis sowie die Bereitschaft zur Vernetzung i. d. R. größer. Deshalb wird überwiegend vorgeschlagen, Handlungskompetenzen maximal zu delegieren (Subsidiarität), dabei aber Vorsorge gegen die Bildung von „Fürstentümern" vor Ort zu treffen. Für die deutschen Botschaften ergäben sich dadurch neue Schnittstellenfunktionen.

Einigkeit besteht darüber, das ressortübergreifende Wissensmanagement mit Hinblick auf *Lessons Learned* und *Best Practices* aus den Missionen zu verbessern – nicht nur expost, sondern auch fortlaufend. Das Wissen der rückkehrenden Praktiker sollte in angepasste Planungen einfließen. Gleichzeitig sind die Kommunikationsformen und regeln an die Bedürfnisse anzupassen. In jedem Fall sollten *Networking* und der kleine Dienstweg gestärkt werden.

Unterschiedliche Organisationskulturen und interkulturelle Kompetenzen bleiben eine Herausforderung für Ausbildung und Personalvorbereitung – von der Verzahnung der Ausbildung des Ministerialnachwuchses, der Fortbildung von Führungskräften bis hin zu gemeinsamen Einsatzvorbereitungen. Denn Ausgangspunkte für vernetztes Handeln sind vernetztes Bewusstsein und Schnittstellenkompetenz.

Literatur

Auswärtiges Amt. (2006). *1. Bericht der Bundesregierung über die Umsetzung des Aktionsplans „Zivile Krisenprävention, Konfliktlösung und Friedenskonsolidierung"*, Berichtszeitraum Mai 2004 bis April 2006. Berlin.
Auswärtiges Amt. (2008). *2. Bericht der Bundesregierung über die Umsetzung des Aktionsplans „Zivile Krisenprävention, Konfliktlösung und Friedenskonsolidierung"*, Berichtszeitraum Mai 2006 bis April 2008. Berlin.
Auswärtiges Amt. (2010). *Länderkonzept Sudan*. Berlin.
Bundesministerium der Verteidigung. (2006). *Weißbuch 2006 zur Sicherheitspolitik Deutschlands und zur Zukunft der Bundeswehr*. Berlin.
Bundesministerium der Verteidigung. (2011). *Verteidigungspolitische Richtlinien*. Berlin: Bundesministerium der Verteidigung.
CDU, CSU, FDP. (2009). *Bildung. Wachstum. Zusammenhalt. Der Koalitionsvertrag zwischen CDU, CSU und FDP. 17. Legislaturperiode.*
De Coning, C., & Friis, K. (2011). Coherence and coordination. The limits of the comprehensive approach. *Journal of International Peacekeeping, 15*(2011), 243–272.
Egbering, C. (2011). Friedenspolitik zwischen Ziviler Konfliktbearbeitung und Militärintervention. *Vorgänge, 193*(2011), 118–128.
Frankfurter Allgemeine Zeitung. (2006). Verteidigung neu definieren. http://archiv.bundesregierung.de/Content/DE/Archiv16/Interview/2006/05/2006-05-02-verteidigung-neu-definieren.html. Zugegriffen: 4. Okt. 2011.
Jaberg, S. (2009). *Vernetzte Sicherheit? Phänomenologische Rekonstruktion und kritische Reflexion eines Zentralbegriffs im Weißbuch 2006*. Hamburg: Führungsakademie der Bundeswehr (SOW kontrovers 5).
Planungsstäbe AA/BMZ/BMVg. (2012). *Ressortübergreifende Leitlinien: Für eine kohärente Politik der Bundesregierung gegenüber fragilen Staaten.*
Rotmann, P. (2011). *Built on shaky ground: the Comprehensive Approach in practice*. NATO Research Paper No. 63. Rome. NATO Defense College.

Wittkowsky, A. (2011). *„Sicherheit, Gerechtigkeit, Arbeit" – und ein langer Atem. Das neue konfliktpolitische Credo der Weltbank*. Berlin: Zentrum für internationale Friedenseinsätze (Policy Briefing).

Wittkowsky, A., & Meierjohann, J. (2011). *Das Konzept der Vernetzten Sicherheit: Dimensionen, Herausforderungen, Grenzen*. Berlin: Zentrum für internationale Friedenseinsätze (Policy Briefing).

Wittkowsky, A., Hummel, W., Meierjohann, J., & Pietz, T. (2011). *Vernetztes Handeln auf dem Prüfstand: Einschätzungen aus deutschen Ressorts*. Berlin: Zentrum für internationale Friedenseinsätze (Policy Briefing).

World Bank. (2011). *World Development Report 2011: Conflict, security, and development*. Washington: World Bank.

GPSR Compliance

The European Union's (EU) General Product Safety Regulation (GPSR) is a set of rules that requires consumer products to be safe and our obligations to ensure this.

If you have any concerns about our products, you can contact us on

ProductSafety@springernature.com

In case Publisher is established outside the EU, the EU authorized representative is:

Springer Nature Customer Service Center GmbH
Europaplatz 3
69115 Heidelberg, Germany